Bastian Bielendorfer
Papa ruft an

PIPER

Zu diesem Buch

Wenn die Floppy-Disks nicht in den CD-Spieler passen wollen und weder die Nachbarschaft noch Apples Siri jemals wieder mit Vater sprechen möchten, dann muss Bastian dran glauben. Nachdem das Lehrerkind bereits seine Mutter fit gemacht hat fürs Weppzwonull, ist nun Vater dran – und der zahlt es dem Sohn mit ungebetenen Ratschlägen zurück. Denn auch jenseits der Dreißig gelingt es Bastian kaum, die Familienbande zu entwaffnen – vor allem, weil Vater Bielendorfer auch noch Schützenhilfe am Rotstift bekommen hat: Neffe Ludger ist zwar erst zwölf, er hält seinen Babysitter Basti aber so auf Trab, dass man am Ende nicht mehr weiß, wer hier eigentlich auf wen aufpasst …

Bastian Bielendorfer ist Stand-up-Comedian, Diplompsychologe und Lehrerkind. Zusammen mit seiner Frau versteckt er sich vor den guten Ratschlägen seiner Eltern in Köln. Mit seiner Solo-Bühnenshow »Das Leben ist kein Pausenhof!« ist er von Kiel bis Zürich live zu sehen, mehr unter www.bastian-bielendorfer.de

Bastian Bielendorfer

PAPA RUFT AN

Standleitung zum Lehrerkind

PIPER

Mehr über unsere Autoren und Bücher:
www.piper.de

Von Bastian Bielendorfer liegen im Piper Verlag vor:
Lehrerkind
Lebenslänglich Klassenfahrt
Mutter ruft an
Papa ruft an

MIX
Papier aus verantwortungsvollen Quellen
FSC® C083411
www.fsc.org

Originalausgabe
ISBN 978-3-492-30978-3
1. Auflage Oktober 2017
4. Auflage Februar 2018

Illustrationen: Peter Frommann
Umschlaggestaltung: N. Bielendorfer
Umschlagabbildung: © Guido Engels (Fotos)
Gesetzt aus der ITC Stone Serif
Satz: Kösel Media GmbH, Krugzell
Litho: Lorenz & Zeller, Inning am Ammersee
Druck und Bindung: CPI book GmbH, Leck
Printed in the EU

Für Mama und Papa,
ihr seid für immer mein Zuhause.

WENN DER VATER MIT DEM SOHNE …

Die Sonne scheint über Gelsenkirchen. Ein Paradoxon, würde der Dichter sagen.

»Schön«, sagt dagegen Vater, als er den Kopf aus dem Fenster streckt und zufrieden unseren Vorgarten betrachtet.

Mein Mops Otto und ich sind bei meinen Eltern zu Gast und liegen noch müde auf der Gästecouch. Der Hund und ich haben einen ähnlichen Biorhythmus: Wir schlafen mehr, als wir wach sind, und wenn wir wach sind, wünschen wir uns zu schlafen.

»Sohn, steh auf, die Hunde müssen auch mal raus«, sagt Vater und steht mit Maja an der Leine vor uns.

Otto lehnt diese kühne Behauptung klar ab und rollt sich auf dem Sofa zusammen. Anders als Maja, der neue Hund im Hause Bielendorfer senior, der freudig mit dem Schwanz wedelt. Meine Eltern haben Maja aus dem Tierasyl geholt, nachdem sie auf einer polnischen Müllkippe aufgewachsen ist, sich von Abfall ernährt hat und schließlich von Tierschützern gerettet wurde. Ein ziemlich großer, toller Hund mit wachen Augen und einem freundlichen Gesicht, der mich oft scheinbar verwundert über sein Schicksal ansieht, wenn er bei Mutter auf dem warmen Sofa sitzt, mit homöopathischen Globuli gefüttert wird und sich täglich sein Essen aus vier verschiedenen Sorten Leberpasteten aussuchen darf.

»Oh, Papa, es ist doch noch viel zu früh«, quake ich und schirme meine Augenschlitze gegen das einfallende Tageslicht ab.

»Papperlapapp! Wir haben bereits die dritte Stunde!«, sagt Vater, der den Tag immer noch in Schulstunden einteilt. Ein bisschen wie ein ehemaliger Weltkriegskapitän, der beim Mittagessen immer »Nun haben wir Zwölfnullhundert« brüllt.

Wenige Minuten später stehen wir auf dem Hof vor unserer Garage. Fünfzig Quadratmeter deutsches Ordnungsparadies. Ein halb beglatzter Nachbar kniet vor unserem Gartentor und kratzt akribisch das Unkraut aus den Pflasterritzen. Das Leben kann ohne solche Aufgaben auch verdammt lang werden.

»Hallo, Walter!«, grüßt mein Vater und winkt. Der Mann richtet sich kurz auf und mustert mich. Er hat mich wohl zuletzt als Kind bewusst wahrgenommen und ist entsprechend erschrocken, einen Feingeist gefangen im Körper eines adipösen Wikingers vorzufinden.

»Hat der Gallenreiter schon den neuen Streuplan aufgehängt?«, fragt Vater. Der Mann verneint.

»Dann muss ich wohl einen Brief schreiben, wir haben ja schon September, da kann es bald glatt werden.«

Im Nachbarschaftskrieg benutzt man Leuchtspurmunition in Form von Briefen, damit man weiß, woher der Angriff stammt. Norbert Gallenreiter ist der direkte Nachbar meiner Eltern, Intimfeind und anscheinend nachlässig, was die Winterstreupläne angeht. Könnte allerdings auch daran liegen, dass es September ist und wir in kurzen Hosen auf dem Hof stehen.

Großherzoglich nickt mein Vater dem Unkrautkriecher zu und wir gehen die Straße meiner Kindheit entlang, an die ein kleiner Wald grenzt.

»Hast du schon eine Rede für deine Hochzeit geschrieben, Sohn?«, fragt Vater, während Maja in den Rosenbüschen des verhassten Gallenreiters schnüffelt.

»Na ja ... noch nicht wirklich«, antworte ich kleinlaut. Ich bin Westfale, öffentliche Liebesbekundungen fallen mir genetisch bedingt eher schwer. Wir können traditionell gut schweigen und sitzen. Jeder hat seine Stärken.

»Dir wird schon was einfallen. Sei froh, dass du so eine tolle Frau bekommen hast«, sagt Vater und zieht Maja ein paar Zentimeter zurück in die Rosenbüsche. »Schön hier machen, Kleine«, sagt er und tätschelt Majas Kopf.

»Papa! Die kann doch nicht da hinmachen!«, insistiere ich.

»Und wie die kann ... da kommt es schon«, sagt Vater mit geradezu kindlicher Freude, weil der Hund gerade seinem Intimfeind Gallenreiter auf den Rasen gekackt hat.

»Und jetzt?«, frage ich.

»Jetzt laufen wir!«, sagt Vater und erhöht sein Schritttempo.

Wer den Streuplan nicht früh genug aufhängt, der wird zugeschissen.

Wir kommen am Ende der kleinen Spielstraße an. Ich bin mehr außer Atem als Vater. Wahrscheinlich hat er Majas Guerilla-Kacken schon so oft durchgeführt, dass er Kondition aufgebaut hat.

»Sohn, man darf sich im Leben nicht von anderen reinpfuschen lassen, da muss man zurückschlagen.«

»Papa, es ist nur ein Streuplan.«

»Heute ist es ein Streuplan, morgen die ganze Welt. Man muss seinen Weg gehen!«, sagt Vater und richtet sich dabei stolz auf.

»So, jetzt durch den Wald?«, frage ich. Otto neben mir japst, wir sind für solchen Frühsport nicht gemacht.

»Nee, Maja will linksherum, siehst du?«, sagt er und lässt sich seinen Arm fast auskugeln von der Zugkraft des Straßenhundneuzugangs.

»WIE BITTE? Der Hund geht ja wohl da lang, wo DU hin willst!«

»Das hatten wir schon, das klappt nicht«, erwidert mein Vater, der mir eben noch eine beeindruckende Brandrede auf die Freiheit gehalten hat.

»Aber es ist doch ein Hund!«

»Trotzdem, ich kann sie ja nicht zwingen«, sagt Vater.

Otto schaut mich irritiert an, so viel Mitbestimmungsrecht verwirrt ihn. Normalerweise geht er dort lang, wo ich langgehe. Das Konzept hat sich bewährt. Bevor er auch noch eine Revolte vom Zaun bricht, lenke ich ein und akzeptiere, dass Vaters Verständnis von »Du musst deinen Weg gehen« eher elastisch ist.

»Gut, dann da lang«, sage ich.

Wir laufen an einer alten Kohlehalde vorbei.

»Lässt du Maja eigentlich auch mal frei laufen?«

»Deine Mutter möchte das nicht. Sie hat Angst, dass Maja abhaut.«

»Ach Papa, der Hund ist doch total auf euch geprägt, die haut doch nicht ab! Das wäre ja bekloppt, wer würde denn freiwillig euren Robinson Club für Vierbeiner verlassen, den ihr gratis anbietet?«

»Meinst du?«

»Ja klar, schau mal, wenn ich Otto die Leine abnehme, ist er viel entspannter.« Ich löse Otto vom Halsband, und er springt vergnügt durch die Pfützen, die sich entlang des alten Zechenwegs gebildet haben.

»Na ja ... man kann es mal versuchen«, sagt Vater und löst Maja von der Leine.

Sie schaut ihn an, schaut mich an – und donnert dann mit Vollgas in das angrenzende Unterholz, in dem sie mit einem lauten »Schlömp« verschwindet.

»Scheiße«, sagt Vater.

»Scheiße«, sage ich.

Der Hund ist weg, wir laufen den Zechenweg entlang und brüllen: »Maaajaaa ... Maaajaaa.«

Otto schaut uns dabei irritiert zu.

Ohne Maja nach Hause zurückzukehren ist keine Option. Lieber werfen wir uns gemeinschaftlich vor den nächsten Bus, das wäre sicherlich die schmerzfreiere Version von dem, was Mutter uns antut, wenn sie erfährt, dass wir den Hund verloren haben.

Plötzlich taucht Maja aus dem Unterholz wieder auf. Sie schaut uns unschuldig an.

»Meine Güte, Maja!«, seufzt mein Vater voller Erleichterung, gerade noch dem heimischen Würgegriff entkommen zu sein.

Plötzlich sehe ich, dass Maja etwas in ihrem Maul trägt. Ihre gespreizten Lefzen sehen fast so aus, als würde sie uns anlächeln.

»Eine Ratte!«, brülle ich erschrocken, als ich erkenne, was da schlaff und pelzig in Majas Mund hängt. »Ist die tot?«

Vater starrt seinen Hund ebenso erschrocken an wie ich, selbst Otto weiß nicht, was er dazu sagen soll, er würde niemals etwas jagen und fressen. Wenn die Futterdose auf die Idee käme, sich zu wehren, würde er wohl lieber den Hungertod sterben.

»Ich denke, die hat dem Fährmann Charon bereits die Münze gegeben«, sagt Vater reichlich pathetisch. Ob Ratten wirklich den Styx überqueren müssen, halte ich für sehr fraglich.

»Auuuus, Maja! Auuuus!«, zieht Vater seine Vokale lang, geht dabei in die Knie und breitet seine Arme beschwichtigend aus, was ein bisschen wie ein russischer Volkstanz aussieht.

Maja macht tatsächlich Platz und mustert mich und meinen Vater irritiert. Dann öffnet sie den

Schlund und schluckt die komplette Ratte in einem Haps herunter wie ein behaarter Tyrannosaurus Rex.

»Scheiße«, sagt Vater.

»Scheiße«, ergänze ich.

»Was machen wir denn jetzt?«, frage ich ihn, und er erwidert ziemlich schnell: »Jetzt laufen wir!«

Als wären wir in einer Zeitschleife gefangen, beginnt er wieder zu rennen, wuchtet dabei aber diesmal Maja auf den Arm. Ich packe Otto ebenfalls. Wir sehen wahrscheinlich aus wie zwei geisteskranke Hundekidnapper, wie wir da mit den Hunden unter dem Arm in die Spielstraße zu unserem Haus einbiegen.

»Wir müssen sofort zum Tierarzt«, sagt Vater und setzt Maja auf den Rücksitz des Autos, das zum Glück außerhalb von Mutters Sichtweite geparkt ist. »Wenn deine Mutter das rauskriegt, sind wir einen Kopf kürzer!«

»WIR?«, frage ich, bis mir wieder einfällt, dass ich meinen Vater ja ermutigt hatte, Maja laufen zu lassen.

»Wir müssen uns beeilen, vielleicht kann der die da noch rausholen. Man kann ja gar nicht wissen, was für Krankheiten so ein Viech in sich trägt.«

Wir rasen zum Tierarzt. Als wir dort aufschlagen, steht gerade eine Oma mit einer Kiste an der Rezeption.

»Hansi ist irgendwie nicht in Ordnung«, sagt sie, während man aus der Kiste nur ein lautes und deutliches »Arschloch! Du Arschloch« hört.

Entweder hat die Frau einen kranken Papagei oder einen sehr kleinen und vulgären Enkel in der Kiste.

Vater und ich stürmen die Praxis wie die GSG 9, wobei wir uns vom Überfallkommando dadurch unterscheiden, dass wir keine Maschinengewehre tragen, sondern Mischlingshündin Maja, die recht verdutzt auf die anderen wartenden Herrchen und Frauen herabblickt.

»Es ist ein Notfall!«, ruft Vater und rennt an der Rezeption vorbei direkt ins Zimmer des Arztes, der sich gerade über ein Meerschweinchen beugt.

»Ich operiere!«, beschwert er sich.

»Egal, was es kostet, helfen Sie uns«, brüllt Vater.

Hier wird heute große Theatralik geboten – ungewöhnlich für einen Mann, der meine Geburt der Legende nach mit den Worten »Gute Sache« kommentiert hat.

Der Arzt sieht genervt von den winzigen Hoden seines kleinen Patienten auf, die er gerade mit einer Klemme fixiert. »Was ist denn?«

»Der Hund hat eine Ratte verschluckt! EINE RATTE!«

»Und ich soll Ihnen jetzt helfen?«

»Ja!«, brüllt Vater. »Was sollen wir denn jetzt machen?«

»Reichen Sie ihm halt eine Serviette«, sagt der Arzt und besinnt sich wieder darauf, das arme Meerschweinchen zu kastrieren.

»Was?«, erwidern Vater und ich fast zeitgleich.

»Es gibt kaum eine bessere Mahlzeit für den Hund als so eine Ratte. Haut, Knochen, Innereien, da ist alles drin, was der Hund braucht«, sagt der Mann seelenruhig und vollendet den finalen Schnitt, der aus Meerschweinchenbulle Meerschweinchenbully macht.

»Und wir können nichts tun?«, schiebt Vater unsicher hinterher, vielleicht haben wir den Mann ja falsch verstanden.

»Doch, Sie können 52,50 Euro für die Beratung dalassen, so viel kostet der Besuch meiner Sprechstunde«, antwortet der Tierarzt und verweist uns mit einem ernsten Blick des Raumes.

Als Vater und ich zu Hause ankommen, schaut uns Mutter fragend an.

»Wo wart ihr denn so lange?«, will sie verständlicherweise wissen, der Blick auf die Uhr verrät, dass wir fast drei Stunden weg waren. Wenigstens ist das Rudel inzwischen wieder komplett: Otto und die Rattenfresserin trotten hinter uns ins Wohnzimmer.

»Ach, wir sind mal eine andere Route gegangen«, lüge ich nicht gerade gekonnt. In der Zeit wäre man in etwa einmal nach Bochum und zurückgelatscht.

»Ja … wirklich schön … am See«, ergänzt Vater.

Manchmal sollte man lieber die Klappe halten.

»Welcher See denn?«, fragt Mutter sofort misstrauisch, denn wir wohnen in Gelsenkirchen, nicht an der Mecklenburgischen Seenplatte.

Plötzlich hören wir ein polterndes Husten aus der Ecke, Maja hinter uns klingt, als hätte sie ihr Lebtag in einer Eisenerzmine gearbeitet.

»Ist alles gut mit Majalein?«, fragt Mutter, inzwischen höchst misstrauisch.

»Klar, alles super!«, sage ich, beuge mich zum Hund runter, hebe den hervorgewürgten Rattenschwanz auf, verberge ihn hinter meinem Rücken und schiebe lächelnd ein »Alles wunderbar« hinterher.

DER AUFZUG

Was für ein ätzender Tag. Dauerregen und Stau in der Innenstadt, der aus einem Kilometer eine gefühlte Marathondistanz macht. Auf den einzigen drei Metern freier Strecke bin ich auch noch geblitzt worden. Und ich muss schon seit dem Losfahren aufs Klo. Dazu hat Otto heute seine dollen fünf Minuten – seit genau drei Stunden am Stück. Endlich zu Hause angelangt, versuche ich, ihn in den Aufzug zu bugsieren, er aber zieht an der Leine und bleibt vor der Tür des Aufzugs sitzen, ich stehe hingegen bereits drin. Kurz bevor unser Mops von den schließenden Türen geköpft wird, hämmere ich auf den Notausschalter des Aufzugs und löse damit offensichtlich einen Kurzschluss aus. Plötzlich ist es dunkel. Otto kratzt von draußen an der Aufzugstür, ihm geht es zumindest schon mal gut. Ich drücke die Notruftaste. Einmal, fünfmal … doch es tut sich gar nichts. Der Kurzschluss hat wohl auch den Notruf lahmgelegt, geniales System. Da klingelt auch noch mein Handy.

»Na, Spatzilein, alles gut bei diööööö?«

»Geht so, Mama. Es passt gerade nicht so gut.«

»Robert, hörst du, wir stören schon wieder!«

»Mama ... es ist gerad ...«

»Eine Mutter stört NIE, Bastian ... ich hab's ihm gesagt, Robert.«

»Mama ...«

»Da ruf ich mal an, und schon stört es wieder! Denk mal dran, wer dich zur Welt gebracht hat!«

»Mama!«

»Das ist richtig, Sohn!«

»Ich stecke im Aufzug fest.«

»Wie?«

»Wie wie? Ich stecke im Aufzug, und der Hund sitzt draußen vor der Tür!«

»Das trifft sich gut, gib mir den Hund mal.«

»Geht nicht, hab doch gerade gesagt, dass der vor der geschlossenen Fahrstuhltür sitzt.«

»Der Hund sitzt vor der Tür?«

»Sag ich doch.«

»Und er ist eingeschlossen?«

»Hä?«

»Ich übersetze nur für deinen Vater.«

Ich komme mir vor, als würde ich mit meinem Echo sprechen.

»Stell doch auf laut.«

»Geht nicht, ist kaputt.«

Kaputt heißt, dass Mutter vergessen hat, welcher Knopf der richtige ist.

»Können wir vielleicht später telefonieren? Ich muss jetzt hier mal den Notdienst rufen.«

»Notdienst? Warum das denn?«

»WEIL ICH IM AUFZUG FESTSITZE!«

»Drück doch die Notruftaste.«

»Das habe ich getan, mittlerweile zehn Mal, aber da passiert nix.«

»So was passiert auch nur dir, Bastian.«

»Was ist das denn für ein bescheuerter Vorwurf? Ich hab mir das doch nicht ausgesucht!«

Seit ich klein war, höre ich dieses »Das passiert auch nur dir« ständig von meinen Eltern. Als hätte ich ein Patent auf unvorhersehbare Notsituationen. Als ich mir mal ein Bein brach, sagten sie, obwohl es statistisch kompletter Blödsinn ist: »Das passiert auch nur dir!« Als ich mal einen kompletten Urlaub lang Magen-Darm-Grippe hatte, hieß es: »Das passiert auch nur dir!« Und als meine erste Freundin nach der Trennung lesbisch wurde, hieß es das auch. Im letzten Fall hatten sie wahrscheinlich leider sogar recht.

»Ach ja, weißt du eigentlich, was heute ist?«

»Keine Ahnung? Weltaufzugstag?«

»Ottos Geburtstag! Der 22.9. ist Ottos Geburtstag.«

»Ach, wirklich?«

Ich glaube, es gibt direkt nach dem Namenstag von Tante Renate kaum einen Festtag, der für mich weniger Bedeutung hat.

»Natürlich, Otto ist Jungfrau, das merkt man gleich.«

»Mutter, bitte. Sollen Sternzeichen jetzt auch noch für Hunde gelten?«

»Man nennt es nicht umsonst Tierkreiszeichen, Bastian.«

»Da kommt das sicher nicht her, Mama.«

»Du verstehst ja auch keine Ironie, Bastian. Hast du das Paket denn schon bekommen?«

»Was denn für ein Paket?«

»Mein Gott, für Ottos Geburtstag!«

»Mama, Ottos Geburtstag ist uns relativ egal.«

»Tja, das sieht dir ähnlich.«

»Ihr habt doch um MEINEN Geburtstag auch nie Aufhebens gemacht, ihr habt immer nur gesagt, dass geboren werden keine Leistung ist.«

»Aber hier geht es doch um den Hund, nicht um dich!«

Unglaublich, wie meine Eltern Prioritäten setzen. Vor der Tür höre ich die liebenswerte Oma, die unter mir wohnt, Frau Schürhuf, sie ist offensichtlich gerade vom Einkaufen zurückgekommen und will in den Aufzug steigen, vor dem aber nur ein verdutzter Otto sitzt.

»Huhu, ist da wer?«

»Ja, ich, Bielendorfer.«

»Wer?«

»BIELENDORFER … aus dem vierten Stock … ich sitze im Aufzug fest.«

»Aha. Ist das Ihr Hund?«

Überall Schnellmerker um mich herum. Mutter am Telefon, Frau Schürhuf vorm Aufzug – ich komm mir vor wie beim Demenztreff im Altersheim.

»Ja, das ist Otto. Den kennen Sie doch!«

»Gehört der hierhin?«

»Nein, natürlich nicht, der steht nur noch draußen.«

»Der ARME!«, echot meine Nachbarin meiner Mutter nach, die immer noch im Telefon etwas von Tierkreiszeichen redet.

Und warum sagen eigentlich alle »der Arme«? Ich sitze doch in diesem dunklen, blöden Aufzug fest!

»Ich nehm den mal mit, bis sich das mit Ihnen geklärt hat, ja?«

»Jaja, machen Sie mal.«

Was heißt denn hier geklärt hat? Ich bin doch hier nicht beim Tropenmedizinier oder bei der Musterung. Ich sitze im Aufzug fest, unverschuldet!

»Da müsste vor dem Aufzug ein Schild mit der Notfallnummer sein. Können Sie mal gucken?«

»Oh, da muss ich meine Brille holen.«

Ich will noch »Neeeein« brüllen, aber da höre ich schon, wie Frau Schürhuf mit ihren Omapumps in den dritten Stock stiefelt. Bis sie vom Erdgeschoss dahin und wieder zurückgetrippelt ist, verglüht die Sonne. Wenigstens nimmt sie Otto mit, der war bisher der Einzige, der sich hier aufrichtige Sorgen um mich gemacht hat.

»Was ist denn jetzt, Sohn? Kannst du Otto mal das Telefon hinhalten?«

»Ich sitze im Aufzug fest!«

»Ja, er sitzt im Aufzug fest, Robert«, spielt meine Mutter wieder Stille Post im Hintergrund.

»Das passiert auch nur dem!«, antwortet mein Vater nur.

Langsam wünsche ich mir, dass der blöde Aufzug einfach abstürzen und mich in die Tiefe reißen möge. Obwohl »Tiefe« wohl ein ziemlich übertriebener Begriff für das unter mir liegende Kellergeschoss ist. Wahrscheinlich würde ich nur eineinhalb Meter absacken, mir dabei ein Bein brechen, und meine Eltern könnten dann behaupten: »Das passiert auch nur dir, Bastian.«

»Jetzt reg dich doch nicht so auf. Das Wichtigste ist, immer ruhig bleiben, Sohn!«

»Mama, es ist dunkel.«

»Warum denn dunkel?«

»Der STROM ist aus, verdammt noch mal!«

»Ruhig bleiben, Sohn.«

»Es ist dunkel, meine greise Nachbarin stakst gerade drei Stockwerke hoch, stranguliert auf dem Weg wahrscheinlich den Hund, und ich muss schon seit ich eingestiegen bin aufs Klo.«

»Warum stranguliert die denn den Hund, der hat doch Geburtstag!«

»Das war doch nur so dahergeredet. Ich muss aufs Klo, Mama.«

»Jetzt muss der Junge auch noch aufs Klo«, informiert meine Mutter meinen Vater, der wahrscheinlich gerade mit der Tageszeitung am Küchentisch sitzt.

»Das passiert auch nur dem!«, ist seine lapidare Antwort.

Ich bin kurz davor, komplett auszurasten. Und mich einzunässen.

»Hallooo? Sind Sie noch da?«, höre ich Frau Schürhuf vor der Tür rufen. Sie hat es wahrhaftig in der Rekordzeit von zwei Basti-Wutanfällen wieder ins Erdgeschoss geschafft. Ihre Frage ist natürlich kompletter Blödsinn. Wo soll ich denn schon hingegangen sein?

»Ja, klar bin ich noch da. Steht da an der Tür irgendwo eine Telefonnummer?«

»Ich glaube schon, können Sie mitschreiben?«

»Nein, es ist dunkel, und ich habe keinen Stift.«

»Aha …«

»Ich kann mir das merken, lesen Sie bitte einfach vor.«

»Null, eins, sieben, sieben … noch mal die Sieben …«

»Zwei oder drei Mal die Sieben?«

Auf die Idee, Mutter einfach abzuwürgen und die Nummer direkt ins Handy einzugeben, komme ich nicht mal, wahrscheinlich weil in meiner Kabine mittlerweile Sauerstoffmangel herrscht.

»Nix zwei oder drei ... die SIEBEN!«, ruft Frau Schürhuf mit ihrer stottrigen Omastimme.

Ich ahne, wie sie mit auf die Nase geschobener Lesebrille und ihrem Finger über das kleine Messingschild an der Aufzugstür fährt. Wahrscheinlich wäre es einfacher, wenn mir ein Schimpanse die Nummer mit Morsezeichen durchklopfen würde.

»Nein, wie oft die Sieben, zwei oder drei Mal?«

»Was ist denn bei euch los?«, fragt meine Mutter am Telefon. Ich ignoriere sie komplett.

»Die Sieben drei Mal ... hören Sie?«

»Ja!«

»Dann die Neun ... hören Sie?«

»JA! Lesen Sie einfach die bescheuerte Nummer vor!«

»Wie bitte, Sie müssen hier gar nicht ungehalten werden.«

»Ich hab keine Zeit.«

»Was ist denn mit Ihnen? Haben Sie Luftnot?«

»ICH MUSS KACKEN!«, brülle ich und bin selbst überrascht, wie es aus mir herausbricht. Langsam falle ich auf das Niveau eines Steinzeitmenschen zurück.

Frau Schürhuf hingegen tut so, als hätte sie meinen Ausbruch nicht mitbekommen, und liest einfach weiter vor. Mutter fragt währenddessen übers Handy, ob ich gerade wirklich derartige »Vulgaritäten« von mir gegeben hätte.

Plötzlich poltert es draußen, offensichtlich ist das Publikum meines kleinen Unglücks gerade noch um einen Protagonisten erweitert worden.

»Ich habe hier ein Paket für Otto Bielendorfer«, höre ich den DHL-Mann dumpf durch die Tür sagen.

»Der steckt im Aufzug fest!«, hilft Frau Schürhuf.

»Stimmt nicht, das ist der Hund«, brülle ich und merke erst dann, wie unglaublich bescheuert das klingt.«

»Der Hund?«, sagt der DHL-Mann angemessen verunsichert.

Das darf alles nicht wahr sein. Ich sitze im Aufzug fest, Mutter nörgelt mir ins Ohr, meine greise Nachbarin kann keine Telefonnummer vorlesen, der DHL-Mann will ein Paket für den Hund zustellen, und ich defäkiere mich gleich selbst.

»Ist das Paket für Otto gerade gekommen? Ich hab's an ihn geschickt, lustig, oder?«, giggelt Mama am anderen Ende des Telefons.

»Mama, ich muss jetzt mal auflegen, ich melde mich später wieder!«

»Alles Guhuute«, ruft Mutter in die Dunkelheit meiner Aufzugskabine.

»Lieber Herr Postbote, ich stecke hier im Aufzug.

Könnten Sie bitte den Notdienst rufen? Die Nummer steht am Aufzug«, flöte ich so freundlich, wie es mir nur möglich ist, durch die Tür.

»Geht nicht, ist Diensthandy«, sagt der Mann stumpf wie ein Hinkelstein.

»Dann geben Sie mir doch die Nummer durch … BITTE!«

»Ich muss das Paket zustellen. Sind Sie Otto Bielendorfer?«

»Ja, bin ich!«

»Stimmt gar nicht, das ist der Hund!«, schaltet sich Frau Schürhuf ein. Jetzt fällt mir die alte Schachtel auch noch in den Rücken.

»Ich muss doch nur beim Notdienst anrufen, bitte sagen Sie mir doch die Nummer durch!«

»Okay!«, ruft der DHL-Mann. Endlich jemand, der halbwegs zurechnungsfähig ist.

»Hören Sie? Null, eins, sieben, sieben, sieben.«

Ich tippe die Nummer in mein Handy, die Rettung ist so nah. Da wird das Aufblinken der Telefonnummer plötzlich von einem Anruf unterbrochen. Nadjas Gesicht strahlt mir vom Display entgegen.

»Hallo, hör mal, kannst du nachher Mozzar…«

»Nadja, hör zu! Ich stecke im Aufzug fest«, draußen brüllt derweil der DHL-Bote weiter die Nummer … acht, vier …, »ich muss aufs Klo, das Licht ist aus, draußen stehen Frau Schürhuf und der DHL-Bote und lesen mir die Nummer vom Notruf vor, und ich krieg's nicht hin, da anzurufen. Das ist einer der schlimmsten Tage meines Lebens.«

»Wo ist Otto?«, fragt meine Frau. DAS ist das Einzige, was ihr offensichtlich dazu einfällt.

»Der ist bei Frau Schürhuf, es geht ihm gut!«

»Aha … der hat nämlich heute Geburtstag. Und du steckst im Aufzug fest!«

»JAAAAAAA!!!!!!«

»Tja, so was passiert auch nur dir, Basti!«, sagt Nadja.

Ich korrigiere. Das ist der schlimmste Tag meines Lebens. Definitiv.

ER SAGT, SIE SAGT

Nadja, noch mehr Haarspray, und du kannst bald ein eigenes Ozonloch nach dir benennen lassen!

Und du furzt so viel, die nennen den Klimawandel bald in ›Bastian-Bielendorfer-Eisschmelze‹ um!

(Handgemenge)

PAPA WIRD ALT

Wie jeder Mensch werde auch ich auf allen Kanälen zugespamt.

Penisvergrößerung, Penisverkleinerung, Muskelpillen und Urlaube, für deren Absolvieren man sogar noch Geld bekommt, wenn man nur dieses eine Mal fünfzig Euro überweist, schwemmen täglich in mein E-Mail-Postfach und überwuchern die mageren Reste sozialer Kontakte.

Doch eine Meldung, die ich lese, bewegt mich dazu, sofort meinen Vater anzurufen.

»Papa?«

»Höchstselbst. Wer spricht?« (Aha, die Nummer heute also.)

»Der Thronfolger. Hör mal, du wolltest doch immer mal auf ein Phil-Collins-Konzert.«

»Aha?«

»Der kommt im Juni nach Köln und das könnte seine letzte Tour sein.«

»Ja, das vermute ich auch, habe ihn bei Markus Lanz gesehen. Erschreckend alt geworden, der Junge. Der ist wohl nicht gut mit sich umgegangen.«

»Willst du hingehen? Ich kann bestimmt Karten besorgen!«

»Findet das am Abend statt?«

»Ich denke mal, ja. Die große Zeit der Phil-Collins-Mittagskonzerte ist wohl vorbei, Papa.«

»Ich fahre im Dunkeln nicht mehr so gern.«

»Wie bitte?«

»Ich fühle mich da unwohl, Sohn.«

»Das war der schlimmste Anfall von Seniorismus, den ich je an dir erlebt habe, Papa. Ich glaube, du vergreist.«

»Unverschämtheit! In meinem Alter hat man nicht mehr so gute Augen. Und da kann man bestimmt auch nirgendwo parken.«

Ich schaue schockiert auf den Hörer. Ich erlebe das Altern meines Vaters anscheinend gerade im Zeitraffer mit. Wenn er sich gleich noch übers Wetter beschwert und im Hintergrund Florian Silbereisen Akkordeon spielt, haben wir nur noch wenige Stunden, bevor er sich in eine Mumie verwandelt.

»Aber Papa! Du kannst doch bei uns schlafen!«

»Auf eurer Luftmatratze? Da bekomme ich Ischias, Sohn.«

»Das ist ein selbst aufblasendes Luftbett, Papa, da kann man prima drauf schlafen.«

»Hat deine Mutter das nicht auch aus dem Teleshopping? Ist da jemals etwas Sinnvolles angeboten worden?«

Der Punkt geht an Papa, die vielen Errungenschaften meiner Mutter aus dem Teleshopping machen sich im besten Fall gut als Türstopper. Bis auf die Brotbackmaschine. Niemand mag einen Türstopper, der in Flammen aufgeht.

»Gut, aber es kann doch nicht sein, dass du gerade gesagt hast, dass du abends nicht mehr fahren willst. Das ist ja erschreckend, Papa!«

»Guck dir Phil Collins an, der saß bei Lanz auf dem Stuhl und hatte einen Stock in der Hand. Einen Stock! Der fährt bestimmt auch nicht mehr abends, Bastian.«

»Ja, und der findet sicher auch nie einen Parkplatz, Papa!«

»Sehr lustig. Als wir jung waren, war das auch alles kein Problem. Aber wenn man älter wird, dann werden halt auch die Probleme größer.«

»Sieh es positiv, dafür werden die Blase und das Hörvermögen kleiner«, sage ich und lache.

»Wenn du weiter so frech bist, drucke ich deine Phil-Collins-Bilder aus und verteile sie am Eingang zu deinen Shows, Bastian.«

»Was für Phil-Collins-Bilder?«

»Ich sage nur *I can't dance.*«

Langsam blitzen Erinnerungen auf. Ein warmer Sommertag im Jahr 1993, mein neunjähriges kna-

benbusiges Ich steht in unserem Vorgarten, nur mit einer Dreiecksbadehose bekleidet. Die von der Sonne geröteten Backen werden vom farbigen Schimmer einer Sonnenkappe verhüllt, die heute zu Recht von der Modepolizei in den Hades verbannt worden ist. Das Modell »Roter Foliensichtschutz« wurde damals als eine Art Stirnband mit Balkon getragen. Oberhalb des Stirnbands stehen meine nassen Haare in alle Richtungen – das i-Tüpfelchen auf einer Stilpraline aus Scheiße.

In dieser Kostümierung tanzte ich damals beinahe täglich zu lauter Musik durch den Garten. Genesis' *I can't dance* war gerade ein Riesenhit, dominierte die Charts und unseren Plattenspieler. Ich liebte dieses Lied. Nur in Badehose mit meinem rosa Sichtbalkonbalken im Gesicht lief ich im klassischen *I can't dance*-Stil mit an der Seite angewinkelten Armen durch unseren Vorgarten, während meine Eltern sich so amüsierten, dass sie es auf Fotos festhalten mussten, auf die mein Vater nun anspielt. Vielleicht hat Vater schon damals eine spätere Erpressung eingeplant, anders lässt sich nicht erklären, warum er so viele kompromittierende und peinliche Fotos von mir als Kind und Teenager gesammelt hat.

»Oh bitte, die hast du aufbewahrt?«

»Natürlich. Das sind Zeitdokumente!«

»Bilder vom Mauerfall sind Zeitdokumente. Videos vom 11. September auch. Aber doch kein dicker Junge in Badehose!«

»Und in weißen Sportsocken! Die hast du damals so gern getragen. Die Fotos sind wirklich zum Piepen, Sohn. Du hast *I can't dance* wirklich perfekt umgesetzt.«

»Lustig.«

»Und dazu noch ›I can't understand‹ und ›I hope I can't remember these photos!‹.«

»Du bist heute aber wieder gut drauf, oder?«

»Ja, deine Mutter fragt, ob du Lust hast, noch vorbeizukommen. Der Radiowecker ist wieder verstellt.«

»Nee, ich kann leider nicht, Papa.«

»Warum denn nicht?«

»Ich fahre nicht mehr so gern im Dunkeln. Tut mir leid!«

ER SAGT, SIE SAGT

Nadja, ich glaub, ich hab ein bisschen Fieber … und mein Hals kratzt!

Oh mein Gott.

Sag ich ja.

Soll ich deine Eltern anrufen?

Warum?

Damit du Lebewohl sagen kannst?

Hör mal, verarschst du mich?

Pah, MÄNNER! Da ist jeder Furz gleich der Tod. Wie würdet ihr den Schmerz der Geburt bloß aushalten?

Gar nicht … müssen wir ja nicht.

Blöde Antwort!

Muss ich erst 'ne Axt im Kopf haben, bevor ich hier gepflegt werde?

Vielleicht. Sollen wir das ausprobieren? Basti, schmier dich doch schon mal ein bisschen mit nasser, kalter Erde ein.

Was soll das denn bringen?

Nix, aber du gewöhnst dich vielleicht schon mal an das Gefühl, falls du die Männergrippe nicht überlebst.

(Handgemenge)

SEIBER SEEL

Der DHL-Bote ächzt in die Sprechanlage. Er weiß wohl schon, dass der Aufzug kaputt ist und ihm vier Stockwerke Vorkriegsaltbau bevorstehen.

Als der Mann verschwitzt die Treppe hochgestapft ist und mir entnervt ein Paket vor die Füße wirft, ahne ich schon, wer der Absender ist. Auf der Verpackung reitet ein Weihnachtsmann auf einem Rentier und in der Empfängerzeile steht wahrhaftig »Der kleine Prinz Bastian Bielendorfer«.

Der DHL-Mann lugt unter seiner Mütze hervor und fragt mich grinsend, ob ich »Der kleine Prinz« sei. Ich nicke und kritzle meine Unterschrift auf das Display seiner Quittiermaschine.

»Mutter, oder?«, prustet er heraus, bevor ich irgendetwas Erklärendes sagen kann. Mein Postmann ist also ein Seelenverwandter – oder ein Leidensgenosse, wie man's nimmt.

Als ich ins Wohnzimmer komme, springt Nadja aus dem Arbeitszimmer, ihre Augen schreien schon die Frage, die ihr Mund parallel formuliert: ZALANDO?

»Leider nein, Mutter«, sage ich und sehe, wie sich das Gesicht meiner Frau um eine Schattierung verdunkelt. Dass Mutter Taschen oder Schuhe schickt, ist eher unwahrscheinlich. Dachte ich jedenfalls, bis ich das Paket unter Nadjas Augen aufreiße und zwei undefinierbare rosa Gebilde heraushebe. Der Postbote hat sich bestimmt vertan. Zeit, Mutter anzurufen.

»Na, Sohn, war der Postbooooote da?«

»Ja, der war da, Mama. Danke erst mal. Aber …«

»Ach, gerne. Was aber?«

»Äh, Mama, was ist das?«

»Was denn?«

»Diese pinken Latschen?«

»Ach, du meinst die Crocs mit Polyesterschurwollimitat und den sieben Fußreflexzonen?«

Ich hebe einen rosa Plastikschlappen in die Höhe, der mich an einen Nacktmull mit Löchern erinnert. So eine Sandale sieht man sonst nur an Frauen in Latzhosen, die bei Ikea eine Bruttoregistertonne Duftkerzen und Bonsaibäumchen kaufen.

»Was ist das?«

»Das sind Crocs mit Polyesterschurwollimitat und sieben Fußreflexzonen.«

»Mama, ich bin keine Arzthelferin.«

»Nein, du bist arbeitslos, Sohn.«

»Ich bin Autor … ach, lassen wir das.Was soll ich denn damit?«

»Na was wohl, als Hut tragen. Du stellst Fragen.«

»Mama, die sind pink.«

»Das ist rosa, nicht pink!«

»Wo ist denn da der Unterschied? Die sind doch offensichtlich für Frauen!«

»Auch. Da sind auch welche für Nadja drin.«

Mit spitzen Fingern und hochgezogener Augenbraue hebt meine Frau einen weiteren Croc Größe 36 in die Höhe, aus dem an den Seiten weiße Wolle quillt, die eher wie Bauschaum aussieht. Nadja is not amused.

»Mama, warum denn pink?«

»Waren im Angebot, Seiber Seel bei Armazoon!«

»Keine andere Farbe?«

»Nee, leider nicht. Hab mich auch gewundert, warum die in Größe 48 lieferbar waren. Gibt wohl Frauen mit richtig großen Füßen. Dieser Seiber Sale war aber auch super, hab die zum halben Preis gekriegt!«

»Danke Mama, aber ich glaub nicht, dass ich die tragen werde, das ist mir dann doch zu doof.«

»Stell dich nicht so an, dein Vater hat die auch, der trägt die gerne, oder? ROBÄRT?«

»Jaja«, höre ich meinen Vater beschwichtigend rufen.

Allein die Vorstellung, wie er in seinen pinken Badelatschen durch unser Haus schlappt und dabei aussieht wie der Saunameister auf einer Kölner Schwulenparty, zaubert mir ein kurzes Lächeln aufs Gesicht. Bis mir klar wird, dass ich dank Mutter bald auch in der Herrensauna anfangen kann.

»Papa trägt pinke Crocs? Hast du ihm wenigstens noch ein Tutu und ein Krönchen aufgesetzt?«, sage ich und lache und hoffe inständig, dass es die nicht auch noch im Cyber Sale gab.

»Hör auf, Sohn, die sind atmungsaktiv. Das kann dein Vater gut gebrauchen und DU AUCH!«

»Mama, ich habe keine Schweißfüße!«

»Hast du doch«, brüllt Nadja im Hintergrund. Ich werfe der Feindin in meinem Bett einen bösen Blick zu.

»Siehst du, deine Füße riechen nach Yeti.«

»Nach Yeti? Wie riecht denn Yeti, Mutter?«

»Wie deine Füße, Bastian.«

»Das stimmt«, ruft Nadja.

Ich denke nun darüber nach, ob meine Mutter und meine Frau nicht im nächsten Jahr zusammen Urlaub am Himalaya machen sollten. Währenddessen fischt Nadja noch etwas aus dem Paket. Nadjas Gesicht quillt vor Fragezeichen über.

»Mama! Was sollen das für Schälchen sein? Die sehen aus wie Näpfchen für 'nen Hamster.«

»Das sind Crème-brûlée-Schälchen, damit kann man Crème brûlée machen.«

»Ach toll, aber muss man das nicht flambieren?«

»Ja, war ein Schnäppchen bei Norma. Das war so billig, weil der Brenner fehlt.«

»Aha, na ja, kann man ja auch was anderes reinmachen, Pudding oder so.«

»Nein, das geht nicht!«

»Warum denn nicht?«

»Weil die für Crème brûlée sind.«

»Äh, ja, okay.«

Nadja fischt das nächste Objekt aus dem Paket.

»Hast du schon die Schnitzel?«

»Äh, sieht so aus.«

»Das ist Kalb. Echtes Kalb!«

»Per Post, Mama?«

»Das war Express, Bastian, hab ich gestern erst versendet. Die besten Kalbsschnitzel. Damit du mal was Ordentliches isst, nicht immer diesen Vegetarierkrams.«

»Du schickst mir Schnitzel?«

»Das sind keine schnöden Schnitzel, das ist Qualitätsfleisch.«

»Mama, Nadja isst doch gar kein Fleisch.«

»Da kannst du Saltimbocca mit machen. Hab dir auch ein Rezept geschickt.«

In dem Moment rührt sich mein Handy. E-Mail von Mama, Betreff »Saltimbocca«. Die Frau steht zu ihrem Wort.

»Mama, wir essen gar kein Fleisch!«

»Und danach könnt ihr Crème brûlée machen. Hab dir dafür auch ein Rezept geschickt.«

Mein Handy bimmelt wieder. Ich ahne bereits, warum.

»Wir haben doch gar keinen Brenner dafür.«

»Dann machst du halt Pudding.«

»Du hast doch gesagt ...«

»Papperlapapp, stell dich nicht so an!«

»Also, ich ziehe jetzt meine pinken Crocs an, koche Pudding und brate meiner vegetarischen Frau ein Kalbsschnitzel.«

»Ja, mach das, und für den Notfall ist ja noch ein Utensil im Päckchen.«

»Noch mehr, Mama?«

Gerade als ich frage, zieht Nadja einen kleinen grauen Kasten aus der Kiste. Ich hoffe, das Ding ist jetzt endlich leer.

»Was ist das denn noch?«

»Ein Rauchmelder, Bastian. Ein Rauchmelder mit Solarbetrieb. Da braucht man gar keine Batterien mehr zu verschwenden!«

»Ein Rauchmelder mit Solarbetrieb, Mama? Das ist die sinnloseste Erfindung, von der ich je gehört habe.«

»Warum? Im Ein-Euro-Laden ist das der absolute Verkaufsschlager!«

»Was ist denn, wenn man den in einen Raum

ohne Fenster hängt? Oder es mal im Dunkeln brennt?«

»Na ja, wenn der Brand erst groß genug ist, wird es ja wieder hell!«

»Ah, richtig, da hast du auch wieder recht. Sag mal, Mama, wie heißt noch mal euer Rechtsanwalt?«

»Der Herr Becker ist das. Warum willst du das wissen?«

»Ach, ich wollte nur sichergehen, dass meine Haftpflichtversicherung gleich einen Kontakt hat, wenn unser komplettes Wohnhaus abgebrannt ist.«

»Sehr witzig, Sohn. Aber falls du dir Sorgen um deine finanzielle Absicherung machst: Ich kann auch im Notfall immer einen guten Job besorgen. Im Ein-Euro-Shop suchen die immer Leute.«

»Danke, Mama!«

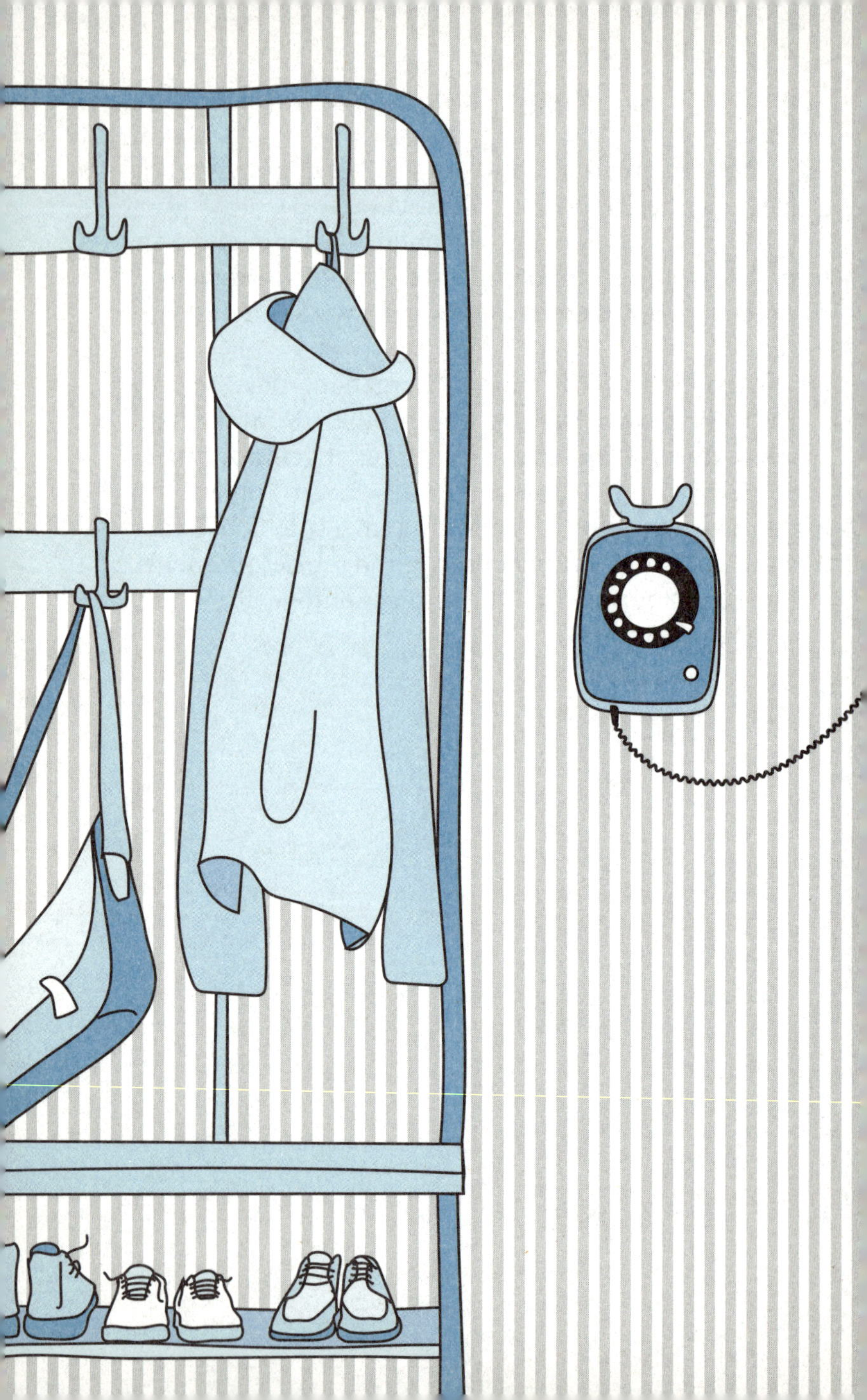

EIN NAME WIE EIN URTEIL

Auch in meiner Familie, in der, vorsichtig gesagt, besondere Exemplare der Sorte Mensch nicht gerade selten sind, gibt es Exoten.

Meine Cousine Cordula und ihr Mann Torben sind Waldorflehrer. Ja, ich weiß, jeder denkt bei dem Begriff »Waldorflehrer«, dass es sich bei den beiden um zwei langhaarige Hippies handelt, die den ganzen Tag nackt im Vorgarten hocken, den Sonnengruß machen und ihren Namen tanzen.

Kurz gesagt: Das ist völlig korrekt.

Meine Cousine und ihr Mann Torben sind vom Sternbild »Waldorf 7« zur Erde gereist, um Frohsinn zu verbreiten und Gesichter mit Fingerfarbe anzumalen. Diese Mission ziehen sie jetzt seit über vierzig Jahren beinhart durch.

Und weil sie vor zwölf Jahren anfingen, sich mit uns Durchschnittsmenschen zu langweilen, haben sie in einer Zeremonie ihre Chakren vereinigt und ein Kind bekommen, das zwar nicht im juristischen Sinne, aber vom Empfinden her mein Neffe ist.

Diesem Kind gaben sie einen Namen, der wenig von der sphärischen Abgedrehtheit transportiert, die meine Cousine und ihren Mann so auszeichnet.

Der Junge heißt Ludger.

Ein Name wie ein Urteil. Ein Name wie Ostwestfalen. Nüchtern, trocken und ein bisschen krumm.

Ludger ist mein Neffe, zwölf Jahre alt, und er ist ein Bilderbuchwaldorfianer.

Ludger ist bilingual erzogen, er spricht fließend deutsch und klingonisch, hat immer selbst gehäkelte Kleidung aus Lamaschamhaar an, und sein zweiter Vorname ist Glutenfrei.

Aber Ludger ist Familie. Und Familie hat man nur eine. Jedenfalls wenn man Pech hat.

LUDGER I

Ludger ist zu Besuch. Das ganze Wochenende – leider ist erst Freitag. Seine Eltern machen »Elternzeit« auf Sylt. Das heißt, sie bumsen. Meine Warnung, dass dies zu weiteren Ludgern führen kann, überhören sie. Ich habe ein Bespaßungsprogramm vorbereitet, das darin besteht, ihn mit so viel Essen vollzustopfen, dass er hoffentlich zu müde ist, um zu nerven. Wir kochen zu Mittag, es gibt Spaghetti bolognese.

»Ist dieses Rindfleisch nachhaltig produziert?«, fragt Ludger und beäugt meine Nudeln wie eine Probe vom Ebola-Erreger.

»Ja klar!«, lüge ich.

Die Antwort scheint ihm wohl wenig glaubwürdig. Plötzlich steht Ludger auf und sagt: »Ich werde nun ruhen und wünsche, nicht gestört zu werden.«

Er geht wortlos in sein Zimmer.

Auch eine Art, sein Onanieren anzukündigen, denke ich.

Abends schlage ich vor, ins Kino zu gehen. Der Animationsfilm *Cars 2* ist gerade angelaufen.

»Sprechende Autos sind etwas für Männer mit gestörtem Selbstbild«, sagt Ludger. »Ich möchte lieber in die Oper. Es wird die *Zauberflöte* gegeben!«

»Zauberflöte hab ich schon«, murmele ich.

»Aber eine sehr kurze!«, ergänzt Nadja. »Ja, lasst uns in die Oper gehen!«, fällt mir meine Frau erneut in den Rücken.

Na toll, statt sprechender Autos darf ich mir jetzt drei Stunden lang anschauen, wie eine dicke Frau einem dicken Mann ins Gesicht jodelt.

Ludger neben mir ist begeistert und grinst, als hätte er Zuckerwatte geraucht. Nadja neben mir pennt.

Am nächsten Morgen habe ich eine Überraschung für Ludger.

»Heute geht's ins Phantasialand!«

Ludger nickt und kettet sich an der Heizung fest. Er weigert sich mitzukommen und spricht kein Wort mehr mit mir.

Wir gehen trotzdem, schließlich habe ich die Karten schon gekauft. Als Friedensangebot kaufe ich Ludger am Eingang einen Paradiesapfel.

Ludger fragt die Frau, ob der Apfel aus biologischem Anbau kommt.

Die grobschlächtige Frau sieht erst ihn an, dann mich und fragt schließlich: »Watt is mit dem? Und warum hat der einen Heizkörper am Arm?«

Ich schaue sie nur an und antworte: »Das ist Ludger.«

Wir kommen am fröhlichen grünen Drachen Koka vorbei, dem Maskottchen des Parks.

»Ich bin Koka, der fröhliche Drache«, sagt der Mann im Drachenkostüm. »Und wer bist du?«

»Ludger.«

Kein Lächeln, nix. Der Kleine ist echt gut.

»Willst du ein Foto mit mir machen?«, fragt Koka, der fröhliche Drache.

»Nein!«, sagt Ludger.

»Warum denn nicht?«, will er wissen.

Ludger antwortet, dass Koka nur ein dicker Perverser in einem Kostüm sei. Er solle sich richtige Arbeit suchen und was aus seinem Leben machen.

»Was ist mit dem denn?«, fragt mich der entgeisterte Koka.

»Der … der ist Ludger«, antworte ich.

Nach all diesen emotionalen Tiefschlägen bekomme ich Hunger, und wir gehen in einen Imbiss. Ich esse Chicken Nuggets, und immer, wenn ich mir eines in den Mund stecke, schaut mich Ludger an und sagt laut:

»HÜHNERFICKER!«

Die Leute am Nebentisch lachen. Ich schaue zu ihnen rüber und sage leise: »Das … das ist nicht meiner!«

Ludger schaut auch zu ihnen rüber und sagt: »Stimmt! Der Mann hat mich entführt.«

Die Leute rufen den Sicherheitsdienst. Wir fahren schnell nach Hause.

Endlich. Es ist Sonntag. Mein Cousine Cordula und ihr Mann sind von Sylt zurück und wollen Ludger abholen. Als er sie anstrahlt und erzählt, wie schön es bei uns gewesen sei, sind Nadja und ich etwas irritiert.

»Vielleicht haben wir Ludger falsch eingeschätzt?«, sagt Nadja.

»Anscheinend«, erwidere ich und winke Ludger durchs Autofenster zu.

Ludger winkt mit beiden Mittelfingern zurück.

DER HEIZPILZ

Das Telefon klingelt. Otto verzieht sich freiwillig in seine Hundebox, der Hund ist klüger, als man annehmen könnte.

»Hallo, Sohn.«

»Hallo, Papa, wie läuft's?«

»Glänzend.«

»Aha.«

»Ich glaube, ich brauche einen Rechtsbeistand.«

»Warum, ist Norbert Gallenreiter auf einem Hundehaufen ausgerutscht und humpelt jetzt?«

»So ähnlich.«

»So ähnlich? Schlimmer!«, höre ich meine Mutter im Hintergrund brüllen. Sie ist auf 180. Auf 180 Bar.

»Oje, Papa! Was hast du denn angestellt?«

In Gedanken sehe ich Norbert Gallenreiter, erdolcht von einem riesigen Rotstift, die Tätersuche würde sich für die Polizei eher einfach gestalten.

»Na ja … eigentlich war es ja der Hund.«

»DER HUND KANN DA NIX FÜR!«, brüllt Mutter im Hintergrund.

Ich korrigiere, sie ist nicht auf 180, sondern auf 1800 Bar. Wenn Papa seine Worte jetzt nicht genau abwägt, bin ich nach dem Gespräch wahrscheinlich Halbwaise.

»Du hast doch diesen Freund, der Jura studiert.«

»Ja, Max … aber der studiert noch.«

»Vielleicht kann der mir ja Tipps geben?«

»Was denn für Tipps, was ist denn überhaupt passiert?«

»Du kennst doch die Bornheimers.«

»Wen?«

»Gerda und Ludwig, die aus der Nachbarschaft. Die mit dem Pudel.«

»Ähm, Papa, keine Ahnung!«

»Die mit dem Porsche.«

Meine Eltern leben in einer Neubausiedlung, in der man die Nachbarn in Hunde und Autos einteilt, zumindest habe ich jetzt eine Ahnung, wen sie meinen.

»Ähm, ja, ich erinnere mich.«

»Mensch, die mal zu Besuch waren, als du klein

warst. Der Ludwig ist dieser gemütliche Dicke. Die haben dich dann gefragt, ob du mal in ihrem Porsche probesitzen willst, und du hast eiskalt gesagt, dass du mit solchen Statussymbolen nichts anfangen kannst.«

»HEEERLICH«, brüllt Mutter im Hintergrund und bricht in Gelächter aus.

Anscheinend steckt doch ein kleiner Ludger in mir. Anders kann ich mir die Aussage nicht erklären. Hat sich allerdings nicht viel verändert, auch heute interessiert es mich keine Tüte Mücken, wenn mir jemand mit seinem teuren Auto oder seinem Reichtum imponieren will.

»Die waren beleidigt ... die haben bestimmt ein Jahr nicht mehr mit uns gesprochen.«

»Diesmal wird's noch länger dauern!«, brüllt Mutter im Hintergrund.

»Papa ... WAS ist denn jetzt passiert?«

»Na ja, wir waren ja auf der Gartenfeier bei den Bornheimers eingeladen ... der Ludwig ist ja Zahnarzt.«

»Aha.«

»Und da ist es zu einem unglücklichen Versehen gekommen ...«

»Was heißt das?«

Plötzlich höre ich Geraschel im Hörer, Mutter hat offensichtlich die Leitung gekapert.

»So … das ist ja nicht zum Aushalten, Robert … jetzt komm doch mal zum Punkt!«

»Hallo, Mama.«

»Hallo, Bastian. Dein Vater druckst wieder rum … bei dem dauert ja alles immer ewig. Wenn dein Vater die Bibel vorlesen würde, dann wäre Jesus nicht am Kreuz, sondern an Altersschwäche gestorben.«

Ich muss ein wenig lachen, sie hat leider recht.

»WAS ist denn jetzt passiert … geht es dem Hund gut?«

»Natürlich geht es dem Hund gut, der braucht ja auch keinen Rechtsbeistand.«

»Mama … ihr müsst schon erzählen …«

»Jetzt quassel nicht wieder so viel, meine Güte, du bist wie dein Vater.«

Aha. Gegen meinen Vater ist selbst ein Pfund Vulkangestein gesprächig.

»Aaaah.«

»Du kennst doch sicher diese Heizpilze.«

»Sind das wieder irgendwelche Nachbarn?«

»Nachbarn? DU bist wirklich wie dein Vater … HEIZPILZE! Zum HEIZEN! Meine Güte, bin ich denn von Deppen umgeben?«

»Unverschämtheit«, murmelt Vater im Hintergrund, der wollte die Heizpilze wahrscheinlich gerade im Telefonbuch suchen.

»Ach so … ja klar kenn ich die … was ist damit?«

»Wir waren ja auf dieser Gartenfeier.«

»Ja, beim fetten Ludwig mit dem Porsche.«

»Das war richtig schön, die hatten auch Büfett … und so Lampions, wirklich toll.«

»Aha.«

»Ja, und wir haben die Maja mitgenommen … die bleibt ja so ungern alleine.«

»Wie bitte? Der Hund ist so groß, Mama, der würde sich mit einem Einbrecher die Zahnzwischenräume reinigen.«

»Der weiß doch nicht, wie groß er ist … der Hund ist da genau wie du, Bastian!«

Ich bin wie mein Vater und wie der Hund. Immerhin ist unser Familienstammbaum relativ gerade, selbst über Gattungen hinweg.

»Okay. Ich nehme das jetzt mal so hin … ihr habt noch zwei Minuten, um endlich zu erzählen, was passiert ist.«

»Laber Rhabarber … Bastian. Also, das mit den Heizpilzen haben wir jetzt verstanden, oder?«

»Mama!«

»O.k. Also, das Haus von den Bornheimers hat doch diese Pergola.«

»Aha … Mama, ich war da das letzte Mal, als ich acht war.«

»Muss ich jetzt eine Pergola erklären? Das ist ein Vordach mit stützenden Säulen.«

»Das weiß ich, Mama.«

»Und jetzt rate mal, wo dein Vater den Hund festgebunden hat!«

»An der Pergola.«

»Mööööp ... leider falsch. Willst du noch einen Telefonjoker anrufen?«

»Doch nicht etwa ...«

»Doch ... doch genau! Am HEIZPILZ! Darauf muss man erst mal kommen.«

»Ernsthaft? Aber Maja ist doch viel zu groß für so einen Heizpilz.«

»Hundert Punkte ohne Telefonjoker. Das sagt einem doch schon der gesunde Menschenverstand, dass das keine gute Idee sein kann.«

»Und was ist dann passiert?«

»Die Bornheimers haben doch jetzt schon den dritten Pudel, das ist ja eine richtige Pudeldynastie.«

»Hat Maja dem was getan?«

»Wie getan? Wo denkst du hin. Der sind die Hormone aufgekocht. Papa hatte gerade den Hund festgebunden, da kam dieser Pudel vorbei.«

»Und Maja ging steil.«

»Was auch immer das heißen soll ... aber wohl ja ... Jedenfalls hat sie den doofen Heizpilz durch den halben Garten gezerrt, als wäre es nichts.«

»Oh Gott, das klingt aber gefährlich, das ist doch Gas.«

»Danke, Herr Physiker. Das ist mir auch bewusst. Zum Glück war der Rasen nicht so trocken. Dafür haben die Bornheimers jetzt eine schwarze Landebahn im Garten.«

»Ach du dickes Ei ... hat denn keiner versucht, den Hund aufzuhalten?«

»Ich war gerade auf dem Klo ... und du weißt ja, wie ein Vater ist. Passiv wie Presspappe ... aber der Ludwig hat's versucht.«

»Und?«

»Der hat sich auf das Fußteil von dem Heizpilz gesetzt ... und ist mitgerissen worden ... das sah aus, als wenn ein dicker Mann eine Rakete reiten würde.«

»Oh Mann.«

»Du sagst es ... aber es ist ja noch nicht vorbei. Der blöde Pudel ist dann ins Haus gelaufen und Maja hinterher ... mit dem brennenden Heizpilz. Ich denke, da sind wir so schnell nicht mehr eingeladen.«

»Mmh ... das kann ich mir vorstellen. Aber wie habt ihr das denn dann gerettet?«

»Gerettet nicht so wirklich, die Gerda hat fast einen Herzinfarkt bekommen, als der Heizpilz durchs Wohnzimmer geschossen kam, zum Glück hat der Heizpilz sich am Bücherregal verkantet und den Hund festgehalten, Maja wollte dem doofen Pudel gerade in den ersten Stock folgen ... und dann hat auch noch das Bücherregal Feuer gefangen.«

»Ach du Scheiße.«

»Du sagst es ... und weißt du, was dein Vater schreit, anstatt den Feuerlöscher zu holen?«

»...?«

»In den Regalen im Wohnzimmer war ja eh nur Trivialliteratur drin! TRIVIALLITERATUR! Der Mann macht mich fertig.«

»Die hatten nicht mal Hesse oder Mann«, ruft Vater im Hintergrund, wird aber von Mutter schnell wieder zum Schweigen gebracht.

»Gott sei Dank ... und wer hat das Feuer dann gelöscht?«

»Der Ludwig ... mit der Erdbeerbowle ... die war so lecker ... schade drum.«

»Oje, das ist aber ordentlich schiefgegangen.«

»Denke, das ist die Übertreibung des Jahrtausends, Bastian.«

Das denke ich auch, sage aber nichts.

»Also, kannst du mal mit deinem Freund Max reden?«

»Klar kann ich das, Mama, ich glaub aber, ihr braucht da vielleicht einen etwas kompetenteren Gesellen ... vielleicht den, der O.J. Simpson rausgeboxt hat ... oder Oscar Pistorius.«

»Na danke schön, Schlaubischlumpf ... lachst du gerade etwa?«

»I wo ... ich doch nicht!«

Ich kann mich kaum beherrschen.

»Hat Otto auch schon mal so was gemacht?«

»Mama, Otto ist doch ein Mops, der könnte noch nicht mal ein Windlicht hinter sich herziehen ... außerdem haben wir für solche Fälle ja die Hundehaftpflicht.«

»Was sagst du da? Ach Gott ... das hab ich ja komplett vergessen.«

»Habt ihr das auch?«

»Gott sei Dank ja! Haben wir damals abgeschlossen, das ergibt bei einem so aktiven Hund ja auch Sinn.«

Aktiv ist in Majas Fall eine völlige Untertreibung. Die Straßenhundgene übernehmen bei ihr nicht selten das Kommando.

»Na siehst du … ihr solltet die Geschichte nur ein bisschen weniger dramatisch erzählen.«

»Wie meinst du?«

»Na ja, etwas weniger fahrlässig. So könnte man ja annehmen, Papa hätte an dem ganzen Geschehen eine Mitschuld …«

»Mitschuld ist etwas tiefgestapelt … oder?«

»Mama … wie gesagt, das dürft ihr so nicht sagen … am besten hat der Hund sich losgerissen.«

»Mein Majalein? Aber die ist doch so gut erzogen … ROOOBERT! Der macht schon wieder Quatsch.«

»Was macht er denn?«

»Basti, ich hab jetzt keine Zeit … ich muss jetzt auflegen … ROBERT NEIN!«

Plötzlich ist Stille im Hörer. Aufgelegt. Gibt es eigentlich auch Elternhaftpflicht?, frage ich mich, als ich langsam in die Küche tapse und mir einen Kaffee mache.

ER SAGT, SIE SAGT

Nadja verreist für sieben Tage.

Sie zerrt ächzend einen Koffer ins Wohnzimmer, als wäre er ein totes Wildschwein.

Meinst du, das sind mehr als dreiundzwanzig Kilo?

Ich hebe den Koffer hoch. Er ist schwerer als das Ego von Dieter Bohlen.

Ähm, Schatz, was ist denn da drin?

Nur das NÖTIGSTE!

Was heißt das? Fünf Bleischürzen, falls du geröntgt werden solltest?

Blödmann. Dann müssen wir halt noch was aussortieren.

Der Koffer explodiert fast, als sie das Schloss aufklickt.

Was ist das, Nadja?

Ein Haarfön! Was für eine blöde Frage.

Ihr campt doch nicht! Im Hotel gibt es doch bestimmt auch einen.

Aber die im Hotel sind immer so schwach. Da werden die Haare nicht trocken.

Und was ist das?

Eine Übergangsjacke.

Nadja, auf Mallorca sind über dreißig Grad.

Ja, aber wenn's abends kühl wird?

Wie viel Paar Schuhe hast du denn dabei?

Nur sieben.

SIEBEN? Verbrennst du die, nachdem du sie einmal getragen hast, damit die Bären nicht deine Spur aufnehmen können, oder wie?

Flipflops für den Strand, Ballerinas für Ausflüge in die Stadt, Sneaker für Spaziergänge, drei Paar hohe Schuhe für Abende mit den Mädels und Stiefel zum Wandern.

Wandern? Wohin willst du denn wandern?

Man muss vorbereitet sein.

Ja, wenn man nach Tibet fährt.

Also, lass uns noch mal durchgehen, dass ich auch alles hab.

Unterwäsche, Badezeug, EC-Karte, Ladegeräte, Badezimmerzeug.

Ja, ja, ja, ja, ja … hab ich alles.

Personalausweis.

Oh.

Nicht dein Ernst!

Den hatte ich ja letztens aus dem Portemonnaie getan, wo ist der noch mal?

Woher soll ich das denn wissen?

Du hast ja auch gar keine Übersicht, Basti!

Wie bitte?

DA ist er ja!

Puh!

Zum Glück hab ICH dran gedacht.

Aber DU hast doch gar nicht dran …

Papperlapapp. Wir müssen uns jetzt ja wohl nicht mit Spitzfindigkeiten aufhalten, oder?

(Handgemenge)

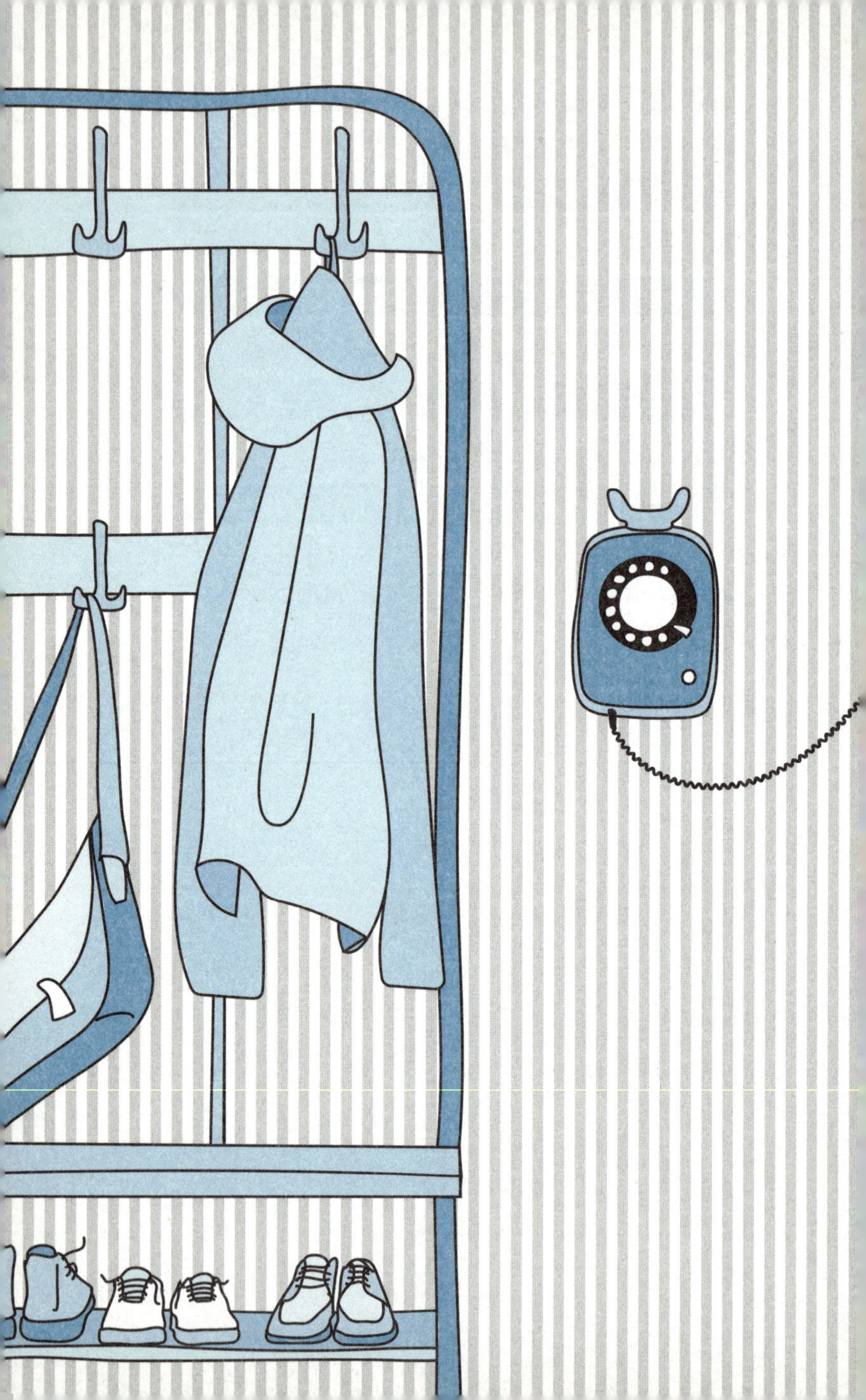

mutter ruft an

DIE REINIGUNGSDAME

»Bastian?«, höre ich die Stimme meiner Mutter undeutlich durch den Hörer. Es rauscht ganz gewaltig.

»Ja, Mama, was denn? Stehst du im Windkanal? Ich kann dich kaum verstehen!«

»Nein, das ist Robbie.«

»Wer ist denn Robbie?«

»Der Staubsaugerroboter. Der ist flüsterleise.«

»Nicht wirklich, Mama. Du klingst, als würdest du im Triebwerk von ’ner Boeing 747 sitzen!«

»Quatsch, da stimmt irgendwas mit der Leitung nicht.«

Im Hintergrund höre ich den Staubsaugerroboter wie einen Ritter in Rüstung über den Terrakottaboden meiner Eltern huppeln.

»Ich hab ihn Robbie getauft. Dein Vater war davon aber nicht begeistert, der hat Angst, dass ich ihn jetzt verwechsle, weil er ja Robert heißt.«

»Ich weiß, wie Papa heißt, Mama.«

»Als würde ich die beiden verwechseln, dein Vater saugt ja nie.«

»Woher hast du denn einen Staubsaugerroboter? Doch nicht etwa aus dem Ein-Euro-Laden?«

Wenn das Ding in etwa die Qualität der anderen Sachen aus dem Ein-Euro-Laden oder der Teleshop-Artikel hat, die meine Mutter für ihr Leben gern kauft, wird Robbie wahrscheinlich in zwei Tagen brennend durchs Wohnzimmer fahren und eine Schneise der Verwüstung hinterlassen. Aber wäre ja alles kein Problem, wenn gerade die Sonne scheint und die Rauchmelder funktionieren.

»Amazon. Ich bin da jetzt Primel-Mitglied.«

»*Prime,* Mama, nicht Primel, du bist ja keine Topfpflanze!«

»Ach so, ich hab mich schon gewundert, warum das so heißt.«

»Könnt ihr uns ja auch mal schenken, so einen Robbie.«

»Wer sind wir denn, Krösus? Der Robbie war nicht billig.«

»Jetzt müsst ihr ja gar nicht mehr selbst saugen. Aber hattet ihr nicht eh eine Putzfrau?«

»Das heißt Reinigungsdame, Bastian.«

»Ja, im Jahr 1955 hieß das Reinigungsdame, Mama.«

»Wir mussten uns leider von ihr trennen.«

»Warum das denn?«

»Weil sie gekündigt hat.«

»Also hat sie sich von euch getrennt.«

»Bastian, da muss man ja nicht päpstlicher sein als der Papst. Das Ergebnis bleibt ja das gleiche.«

»Aha.«

»Weißt du noch, als deine zweite Freundin, Sabrina mit der langen Nase, auf der Party diesen komischen Jungen geknutscht hat?«

»Ja, Mama. Maik, der Dachdecker, natürlich weiß ich das noch.«

»Da hast du dich dann ja getrennt.«

»Ja?«

»Und wenn sie sich getrennt hätte?«

»Was dann?«

»Wäre es das gleiche Ergebnis gewesen wie jetzt bei uns mit der Reinigungsdame.«

»Danke für diesen Exkurs, Mama. Wie kam es denn jetzt, dass die Putzfrau gekündigt hat, hat die auch fremdgeknutscht?«

»Reinigungsdame.«

»Ja, gut.«

»Wir haben ihr einen Brief geschrieben.«

»OH MEIN GOTT, MAMA! Ihr wisst doch, wo das immer hinführt!«

Meine Eltern haben mal wieder einen ihrer berüchtigten Briefe verfasst. Wenn sie sich beim Formulieren einer ihrer Kampfschriften zusammentun, ist das, als würde man bei der Kernspaltung eine Handvoll waffenfähiges Plutonium unterrühren und mit der gezückten Handykamera abwarten, ob was Lustiges passiert.

Aus irgendeinem Grund hat jeder Brief, den meine Eltern gemeinsam verfassen, das Zeug zur Kriegserklärung.

»Bastian! Dein Vater und ich sind Lehrer, und wir wissen sehr wohl, wie wir Sachen formulieren müssen, das war immerhin unser Beruf.«

»Ja, ich hab schon mal davon gehört, dass ihr Lehrer seid, Mama.«

»Soll ich mal vorlesen?«

»Ja, Mama, lies mal vor, ich hab heute noch nicht genug gelacht.«

»Also: Sehr geehrte Frau Inge, meine Frau und ich sehen uns veranlasst, uns schriftlich an Sie zu wenden. In den letzten Wochen ist es zu ein paar persönlichen Irritationen gekommen, die wir hiermit nachhaltig ausräumen wollen.«

»Oh, das ist aber schön formuliert, Mama! Als würde der Großherzog auf eine Schriftrolle schreiben, seinen Siegelring ins Wachs drücken und dann die Brieftaube aus dem Fenster schmeißen.«

»Hä?«

»Lies einfach weiter.«

»Wir sehen uns also hiermit in unserer Funktion als Arbeitgeber in die Lage versetzt, Sie über Ihre persönlichen Verfehlungen in Kenntnis zu setzen, und hoffen, dass diese, auch im Hinblick auf eine weitere vertrauensvolle Zusammenarbeit, ausgeräumt werden.«

Meine Eltern holen so weit aus, dass ich schon froh bin, mir nicht auch noch die Lovestory von Adam und Eva anhören zu müssen. Zum Glück kann man heute E-Mails schreiben, sonst hätte man einen Extrabereich des Regenwalds abholzen müssen, um genug DIN-A4-Papier für ihre Schreiben parat zu haben.

»Mama, es geht um eine Putzstelle, nicht um das Amt des Bundespräsidenten.«

»Soll ich jetzt vorlesen, oder willst du hier weiter mit deinen doofen Kommentaren stören?«

»Jaja ... mach mal weiter.«

»Meine Frau berichtete mir, dass sie bei ihrer Rückkehr vom Einkaufen (bei Edeka gab es ein exzellentes Angebot für 200 g Blauschimmelkäse, das wir Ihnen hiermit gerne empfehlen wollen) Sie mehrmals dabei hörte, wie Sie den Staubsauger als ›verfickt‹ und ›Scheißding‹ tituliert haben. Ich möchte hiermit unterstreichen, dass wir einen derartigen Jargon, der sicherlich in den Augen manch eines Zeitgenossen auch das Etikett der Gossensprache verdienen würde, nicht in unserem Haushalt tolerieren können.«

»Oah«, entfleucht es mir, und ich kann mir das Lachen gerade noch verkneifen.

»Wir sind uns allerdings völlig darüber bewusst, dass Ihre Tätigkeit, so wie auch die unsere als Lehrer, immer wieder Situationen und Probleme heraufbeschwört, in denen eine kecke Formulierung oder sogar ein Schimpfwort den inneren Druck verringern kann.«

»Mama, Ned Flanders hat angerufen, er möchte seinen schwallenden Wortlaut wiederhaben.«

»Wer ist das denn?«

»Egal. Lies weiter.«

»Da wir die grundsätzliche Misere also durchaus verstehen, in der Sie sich mit dem Staubsauger befanden, würden wir uns wünschen, dass Sie sich in Zukunft an einen Katalog von Kraftausdrücken halten, den wir Ihnen hiermit übermitteln wollen. Für uns akzeptabel sind: vermaledeit, verflucht, schmähbar, ärgerlich, verächtlich – und im Sonderfall: blöd.

Wir hoffen, dass Sie sich in Zukunft an dieses Vokabular halten können, bei Unsicherheiten Ihrerseits können Sie natürlich auch jederzeit nachfragen, ob eine Formulierung angemessen ist oder nicht. Sollten Sie dieser einfachen Bitte unsererseits Folge leisten, steht einem langjährigen und erquickenden Arbeitsverhältnis zukünftig sicher nichts im Wege. Beste Grüße, Ihre Familie Bielendorfer. … Und, wie findest du es?«

Ich sitze fassungslos am Telefon. Sie haben es mal wieder getan. Der Brief ist eine schriftgewordene Katastrophe, selbst eine Presseerklärung Nordkoreas ist versöhnlicher formuliert. Meine Eltern haben die Inselbegabung, mit solch hochgestochener Brillanz zu formulieren, dass man erst denkt, das englische Königshaus hat persönlich zum Füller gegriffen, um schließlich völlig verstört zu sein über die nukleare Praline am Ende.

»Bastiaaan?«

»Mama, ich weiß nicht, was ich sagen soll.«

»Ja, verrückt, dass sich jemand wegen so was dermaßen anstellt, dein Vater und ich sind auch ganz entgeistert. Dabei haben wir nicht einmal geschrieben, wie verstört Maja nach ihrer Schimpftirade war.«

»Maja? Euer Straßenhund? Was war denn die Antwort von Frau Inge?«

»Sie hat den Brief zurückgeschickt.«

»Korrigiert?«

»Nein, das wäre ja noch schöner. Sie hat nur einen Satz quer übers Papier gekritzelt.«

»Und was stand da?«

»Lecken sie mich am Arsch.«

»Ich lach mich schlapp ...«

»Das ist gar nicht lustig! Das ist doch traurig!«

»Traurig, Mama??«

»Sie hat die Anrede klein geschrieben. Das macht man doch nicht!«

Meine Eltern sind einfach nur unglaublich.

»Tja, dann muss Robbie wohl in Zukunft die Bude saugen, ne?«

»Sieht so aus. Oder dein Vater, aber der schiebt eh nur Wollmäuse untern Teppich.«

»Weißt du, was das Beste an Robbie ist, Mama?«

»Nee, was denn?«

»Der kann nicht lesen.«

»Gott sei Dank!«

DAS FAMILIEN-GEHEIMNIS

Sehr geehrter Herr Bielendorfer,
ich schreibe Ihnen, da ich versuche, einen gewissen Robert Bielendorfer ausfindig zu machen, bei dem ich annehme, dass es sich dabei um Ihren Vater handelt. Mein Name ist Hans Peters, und ich habe im Juli 1967 mein Abitur am Hermann-Hesse-Gymnasium in Leverkusen abgelegt. Anlässlich des fünfzigjährigen Abiturjubiläums unseres Jahrgangs organisiere ich eine Feier und würde dafür gerne Kontakt zu Ihrem Vater aufnehmen, den ich über das Internet leider nicht ausfindig machen konnte.«

An dieser Stelle muss ich schmunzeln, weil Herr Peters versucht hat, meinen Vater über das Internet zu finden. Wahrscheinlicher ist es, den Geist von Elvis ans Satellitentelefon zu kriegen. Mein Vater ist in keiner Datenbank eingetragen, und seine wenigen digitalen Aktivitäten im »WorldWideWeb«, wie er es noch immer nennt, beschränken sich auf Wikipedia-Recherchen, wo er nach ein paar Minuten feststellt, dass er sowieso schon alles weiß, was dort steht. Denn Vater ist kein Mensch, er ist Papapedia.

Ich rufe meine Eltern an, um Vater von dem Brief zu erzählen. Das Telefon klingelt. Vater meldet sich mit dem vertrauten Schmatzen. Manchmal könnte man glauben, man telefoniere mit dem Colgate-Biber.

»Hallo, Papa, schau mal, ich habe hier eine E-Mail für dich bekommen. Kennst du einen Hans Peters aus Leverkusen?« Ich lese das Schreiben vor.

»Hans Peeeeters«, spielt Vater in seinem Mund mit dem Namen seines alten Schulkollegen. Irgendwie scheinen die Glocken seines geistigen Kirchturms wohl nicht zu läuten.

»Du warst doch auf dem Hermann-Hesse-Gymnasium, das hast du doch mal erzählt«, ziehe ich Vater mal wieder die Infos aus der Nase. Jedes Gespräch mit ihm ist ein Mischung aus Husten und Schweigen. Was meine Mutter an überbordenden Wortsalven abschießt, spart sich Vater lieber auf.

»Jaja … das schon …, aber der Jahrgang ist nicht richtig«, murmelt Vater.

»Aber du bist doch Jahrgang 1949. Da warst du 1967 doch achtzehn Jahre alt«, rechne ich vor.

»Jaja«, sagt Vater kurzatmig und schweigt. Da scheint kein Relativsatz mehr zu kommen.

»Also musst du doch 1967 Abitur gemacht haben. … Es sei denn, … es sei denn, … du wärst SITZEN GEBLIEBEN!«

»So ist das wohl«, murrt Vater.

So kleinlaut habe ich ihn das letzte Mal erlebt, als er Diesel in unseren Benziner getankt hat.

»DU BIST SITZEN GEBLIEBEN?«, brülle ich in einer wilden Mischung aus Irritation und Ungläubigkeit ins Telefon.

Hängen zu bleiben ist keine Schande, im Falle meines Vaters, dem selbst ernannten Wirtschaftsweisen und wandelnden Wörterbuch, wäre mir allerdings nie in den Sinn gekommen, dass ihm dieses menschliche Schicksal ebenfalls hätte widerfahren können.

»Ja, jetzt mach doch da nicht so ein Ding draus, Bastian«, sagt mein Vater genervt.

Ich lasse mich aber nicht so einfach abwimmeln. Schließlich habe ich durch diesen Zufall wohl das dunkelste Kapitel meiner Familiengeschichte aufgedeckt. Wo andere Stammbäume einen totgeschwiegenen Betrügeronkel aufweisen oder eine Oma, die im Sanatorium rumgeturnt ist, entpuppt sich die Fallhöhe in meiner lehrerverseuchten Bildungsbürgerfamilie als bedeutend höher. Mein Vater hat eine Extrarunde gedreht, Abitur mit neunzehn. Eine Schande, die sich kaum aus der Biografie tilgen lässt.

»Ich soll nicht so ein Ding daraus machen? Du hättest mich zur Adoption freigegeben, wenn ich eine Klasse wiederholt hätte«, sage ich in einer Mischung aus Trotz und Belustigung.

Tatsächlich hatte Vater diese Drohung in den wirklich kurzen wilden Zeiten, die ich mir in der elften Klasse gegönnt habe (und manchmal wahrhaftig mit einer Drei nach Hause gekommen bin), wirklich ausgesprochen.

»Also, jetzt hör mal auf mit dem Blödsinn. Das waren ja ganz andere Zeiten damals. Da war die Schule viel härter«, sagt Vater und erweckt mit seiner lahmen Rechtfertigung den Eindruck, als hätte man ihm auf dem Kantholz kniend den Katechismus eingeprügelt und ihn dabei die Wurzel aus Pi ziehen lassen. Ich nehme ihm das nicht ab, schließlich fiel seine Schulzeit in die wilden Sechziger und nicht ins Zeitalter ägyptischer Pyramidensklaven.

»Wie konnte das denn passieren? Du warst doch angeblich immer so gut in der Schule«, schiebe ich hinterher. Ich will ja nicht in der Wunde bohren, aber … na ja, okay, ich will doch in der Wunde bohren.

»Latein und Mathematik«, gibt Vater kleinlaut zu. Immerhin nicht seine Paradedisziplinen Deutsch und Geschichte, sonst hätte er sich aber wahrscheinlich zur Strafe selbst mit einem *Duden* erschlagen.

»Latein? Das sprichst du doch so gern!«, sage ich und denke an sein wildes Sammelsurium an lateinischen Lebensweisheiten, mit dem er die Palette eines Webshops für Wandtattoos um deutlich mehr als das übliche Carpe Diem erweitern könnte.

»Jetzt mach da doch nicht so einen Wirbel darum, Sohn. Das muss ja nicht jeder wissen«, sagt Vater pikiert.

»Alea iacta est, Papa«, schiebe ich hinterher, man muss den Triumph auch mal auskosten dürfen. Plötzlich höre ich im Hintergrund die Stimme meiner Mutter, die irritiert fragt: »Was ist denn?«

»Alles gut, Ingrid, der Junge ist dran. Es geht ihm gut. Nee, du musst ihn nicht sprechen, ich grüß ihn schööö…«, stammelt Vater, als ihm plötzlich der Hörer entrissen wird.

»Schaaatzilein«, flötet Mutter fröhlich. »Alles gut?«

»Ja, hab nur gerade rausgekriegt, dass Papa damals sitzen geblieben ist!«

»Wie bitte?«, fragt Mutter verdutzt.

Selbst seine Frau und die Mutter seines Sohnes hat er wohl nicht in sein dunkles Geheimnis eingeweiht. Das wird ja immer besser!

»Na toll«, blökt Vater im Hintegrund genervt, der Doppelspion ist enttarnt.

»DEIN VATER? Herr Schlau persönlich? Das kann doch gar nicht sein!«, sagt Mutter und hält den Hörer halb zu, um meinen Vater zu fragen: »Stimmt das, Robert?«, woraufhin mein Vater wohl kleinlaut nickt.

»HEEEERLICH! Der Präsident von Klugscheißistan ist wahrhaftig in der Schule sitzen geblieben«, schiebt Mutter hinterher. Sie hat offensichtlich noch mehr Spaß an der Geschichte als ich.

»Schule war damals viel schwerer«, stottert Vater.

»Also ich bin nicht hängen geblieben, und ich bin dein Jahrgang, Robert«, donnert Mutter die nächste Salve raus.

»Ich auch nicht«, ergänze ich.

»Warum ist er denn hängen geblieben?«, fragt Mutter verschwörerisch, als wäre Vater nicht im selben Raum.

»Latein.«

»Ahaaa, wie herrlich. Er sondert doch immer so gern lateinische Phrasen ab!«

»Ingrid … jetzt ist doch mal gut. Niemand ist perfekt.«

»Jaja … Nam vitiis nemo sine nascitur. Oder, Robert?«

»Hä?«, fragt Vater.

»Ach ja, kannst du ja nicht wissen, du sprichst ja kein Latein!«, lacht Mutter.

»Was heißt das denn jetzt?«, fragt Vater ungeduldig. Langsam tut er mir fast ein bisschen leid.

»Ach, das hat Horaz gesagt, das passt perfekt auf dieses Gespräch. Sei nicht traurig, Robert. Es heißt: Kein Mensch wird ohne Fehler geboren.«

»Ihr seid ja Komiker«, sagt Vater und geht beleidigt aus dem Raum.

»Tja, sind wir wohl«, sagt Mutter und schiebt leise hinterher: »Aber sitzen geblieben sind wir nicht!«

ER SAGT, SIE SAGT

Ich zeige Nadja ein neues Videospiel.

So, das ist Fallout 4, das ist ein Rollenspiel voller komplexer Entscheidungen.

Das ist doch wieder so ein Ballerkrams!

Nein.

Erschießt du da Leute?

Nur wenn es sein muss.

WANN muss das sein?

Ja … wenn die Bösen …

Die Bösen? Die Welt ist nicht schwarz-weiß, Basti!

Ja, aber hier schon.

Ich dachte, das wäre komplex?

Ist es ja auch. Es gibt halt Freunde und Feinde.

Und wodurch lassen die sich unterscheiden?

Die Feinde sind nicht auf unserer Seite.

Nur weil jemand nicht auf unserer Seite ist, ist der doch nicht gleich unser Feind! Aus so einem Denken resultieren KRIEGE, Schatz!

OH MEIN GOTT!

Kann ich nicht einfach mit denen reden, anstatt zu schießen?

Doch … aber …

Was aber?

Das dauert länger.

Typisch Mann! Immer gleich drauf schießen, anstatt das auszudiskutieren.

Das ist aber nicht der Diskussionssimulator 2015, Nadja!

Och, hast du den auch?

DEN gibt's gar nicht!

Warum sagst du es dann?

Weil das eine blöde Idee wäre!

Warum?

Weil das Spiel eh nur Frauen gewinnen würden.

Wo du recht hast, hast du recht.

AAAAAAHHHHHH!!!!

(Handgemenge)

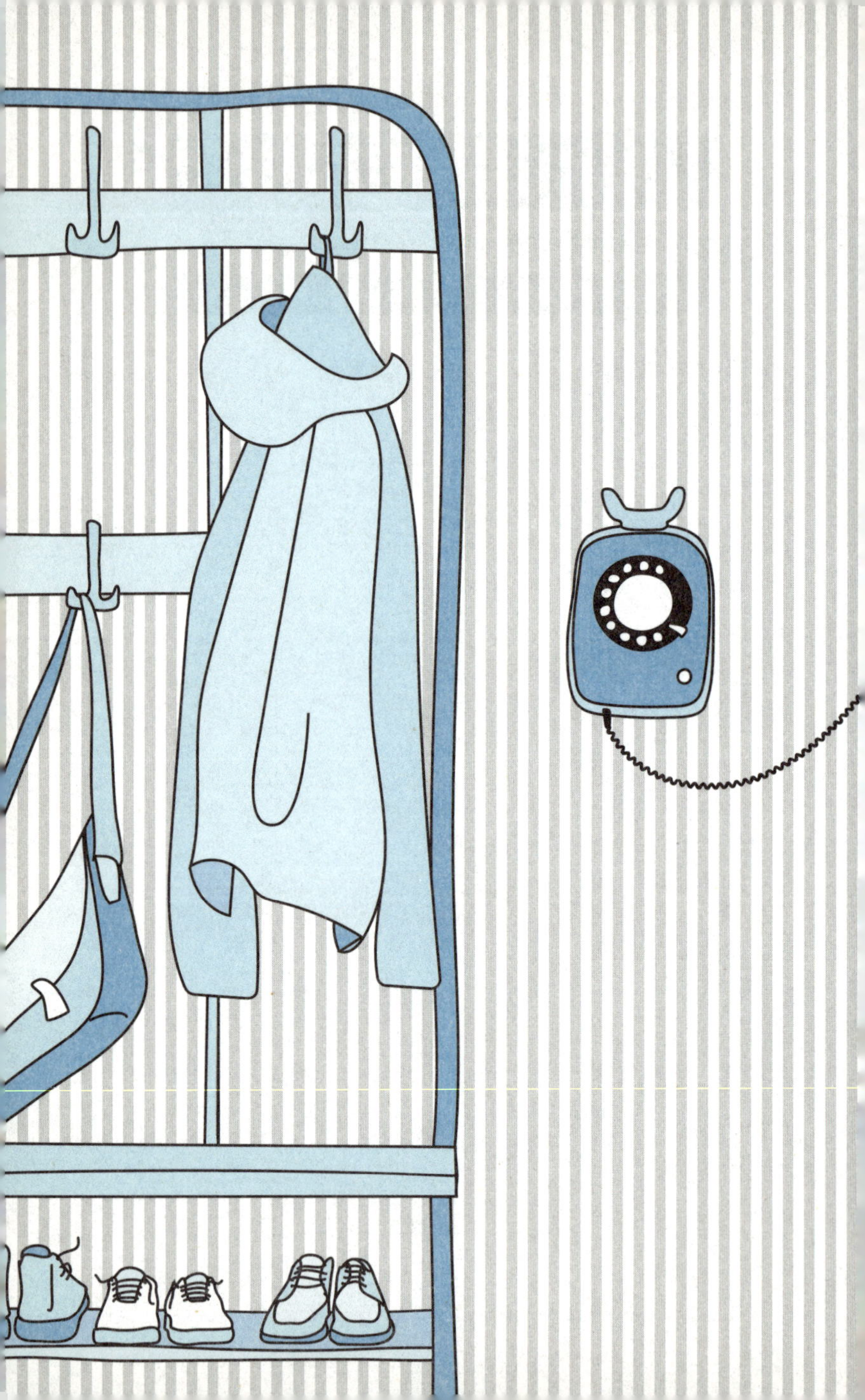

LUDGER II

Das Telefon klingelt nicht, es tanzt meinen Namen. Das kann nur Ludgers Mutter Cordula sein.

»Basti, das Kindermädchen ist uns abgesprungen.«

»Aus dem dritten Stock?«, will ich wissen.

Cordula ignoriert meine Provokation einfach.

Am Wochenende wollen sie und Ludgers Vater zu einer Fortbildung für Waldorflehrer.

»Findet die wieder in Mittelerde statt?«, frage ich, aber meine Cousine lacht nicht.

Meine dummen Sprüche helfen nichts, eine halbe Stunde später sind Cordula und Ludger auch schon bei uns. Cordula überreicht mir eine Liste der Dinge, gegen die Ludger allergisch ist. Die Sachen aufzulisten, auf die er nicht allergisch reagiert, ginge wahrscheinlich schneller.

Ich gebe Ludger jugendlich die Getto-Faust.

Ludger schaut mich nur an und sagt: »Du bist nicht Getto, ich bin nicht Getto, wir sind Mittelstand!«

»Dann halt Mittelstand-Faust«, versuche ich es noch mal, doch Ludger weigert sich und geht ins Haus.

Zum Glück ist Nadja heute zu Hause, ich kann Verstärkung gut gebrauchen.

»Na, Ludger, worauf hast du denn heute Lust?«, versucht sie auch schon das Eis zu brechen.

Er will uns etwas auf der Geige vorspielen.

Dann spielt er etwas, das klingt, als würde man eine Katze in einen Thermomix schieben.

»Wat is dat denn?«, frage ich Nadja.

»Das ist Ludger«, antwortet sie.

»Wenn man das rückwärts laufen lässt, hört man den Teufel reden!«, sage ich.

»Vorwärts auch«, flüstert Nadja mir zu.

Ludger ist fertig und verbeugt sich, wir klatschen.

Ludger und ich gehen zum Spielplatz.

»Du kannst eine halbe Stunde schaukeln, ich habe mir etwas zu Lesen mitgebracht«, sagt Ludger und setzt sich mit der aktuellen Ausgabe des *Spiegels* auf eine Bank.

Ich entgegne, er solle doch spielen, aber Ludger liest nur weiter stoisch in seinem Magazin.

Wir fahren daher wieder nach Hause, wo Nadja Amerikaner für Ludger gebacken hat.

»Was soll das sein, Amerikaner? Ist das passive Kritik am Kapitalismus?«, fragt Ludger.

»Nein, das ist Zuckerguss«, antwortet Nadja und lächelt versteinert.

Ludger und ich spielen Schach. Er verliert, und ich freue mich kindisch.

Ludger sagt, er kenne die Regeln nicht.

Ich erkläre sie ihm.

Ludger gewinnt. Sieben Mal am Stück.

Strategieänderung: Wir spielen Verstecken. Nach einer Stunde hat Ludger mich immer noch nicht gefunden.

»Wo ist denn Ludger hin?«, frage ich Nadja, als ich aus meinem Versteck rauskomme.

»Er ist zum Spielplatz!«

Kleiner Drecksack.

Ludger ist gar nicht auf dem Spielplatz, und spätestens jetzt mache ich mir Sorgen. Ich gehe zum nächsten Büdchen, vielleicht hat ihn ja dort jemand abgegeben. Und tatsächlich … dort sitzt er bei einer Gruppe älterer Männer und spielt Schach.

»Die Herren, es werden noch Einsätze angenommen«, ruft einer der Trinker dazu auf, das Ersparte zu verwetten.

Ich setze hundert Euro auf Ludger. Auf MEINEN Ludger!

Ludger verliert.

Ich gebe dem Mann die hundert Euro. Ludger schaut mich an und sagt: »Ich habe absichtlich verloren, damit du den Wert von Geld kennenlernst!«

Am nächsten Morgen sind Ludgers Eltern endlich wieder aus Mittelerde zurück. Als sie ihn abholen, macht Ludger zum Abschied die Gettofaust. Seine Mutter schaut irritiert.

»Macht man bei Proleten so«, sagt er und steigt ins Auto.

DIE INSELBEGABUNG

Das Telefon klingelt. Nadja ist nicht da, also muss ich die schwere Bürde tragen.

»Hallo, Spaaaatzilein! Hör mal, hast du das Album mit den Fotos von eurem Zelturlaub im Sauerland noch irgendwo?«

»Warum? Willst du wieder Bilder von mir unter einem falschen Namen auf meiner Facebookseite posten?«

»So ein Quatsch, deine Liebste ist hier, und wir gucken Fotos!«

»Nadja?«

»Ja, hast du denn noch andere Frauen in deinem Leben?«

Im Hintergrund höre ich die kehlige Stimme meiner Frau: »Der? Bestimmt nicht!«

»Warum ist Nadja bei dir, Mama? Die hatte doch einen Geschäftstermin.«

»Ja, in Münster, das liegt ja auf dem Weg.«

Oje, meine Mutter und meine Frau in einem Raum, zusammen mit Bilderalben, in denen ich als Pommesbomber durch meine Kindheit turne. Das ist in etwa so, als würde man zwei Kapuzineräffchen eine Atombombe anvertrauen.

»Ooooch, guck ma, da isser 'n Dinosaurier.«

»Mama?«

»Ja, Hase?«

»Was zeigst du ihr da?«

»Ach, Fotos von deinem zehnten Geburtstag. Erinnerst du dich noch?«

»Schwammig ... ist ja dreiundzwanzig Jahre her.«

»Da lief dieser Film mit den Dinosauriern im Kino.«

»*Jurassic Park.*«

»Der, wo die Blut von so Mücken benutzen.«

»*JURASSIC PARK.*«

»Und dann geht alles schief.«

»*JUUURASSSIC PARK*, MAMA!!!«

»Genau, der war das. Du warst so begeistert damals.«

Ich war insgesamt fünf Mal in *Jurassic Park*. Und das, obwohl der Film ab zwölf Jahren freigegeben war. Doch dafür nahm ich sogar das Fälschen des Schülerausweises auf mich, was mein Vater wahrscheinlich als grobe Urkundenfälschung bezeichnet hätte.

»Ja, ich mochte den Film sehr.«

Im Hintergrund höre ich Nadja lachen.

»Wir haben ewig gebraucht, um ihm das wieder abzugewöhnen.«

»Mama? Was ist denn da auf dem Foto?«

»Ach, da bist du als Dinosaurier, du hast deine Brotdose auf dem Kopf. Und dann hast du immer so schrille Geräusche gemacht.«

Ich erinnere mich. Etwa einen Monat meines Lebens war ich ein Velociraptor, ein zwei Meter großer Raubsaurier mit Kralle und breitem Schädel, der vor hundert Millionen Jahren die Sandwüsten Utahs unsicher machte ... und 1994 mit Brotdose auf dem Kopf den Schulhof in Gelsenkirchen.

»Das klang immer so: ›Iiiijjjjghhh, Iiiiijjjgh.‹«

Nadjas Lachen wird lauter, während Mutter etwas imitiert, was weniger nach Raptor, sondern mehr nach brünftigem Bieber klingt.

»Das waren Jagdlaute.«

»Jaja ... ach schau mal hier ... da war er im Krankenhaus.«

»Mamaaaa!«

»Ja, da haben sie ihm die Phimose entfernt ... Süß, oder? ... Aber das weißt du ja besser als ich.«

Beide Frauen kichern, und ich bin mir recht sicher, dass wir nur einen Schritt davon entfernt sind, dass Mutter Bilder meiner Vorhautverengung im Rahmen einer PowerPoint-Präsentation zeigen wird.

»Mein Gott, stell dich nicht so an. Ich war die erste Frau, die dich nackt gesehen hat, und Nadja ist vielleicht die letzte.«

»Auf keinen Fall!«

Mir wird klar, dass ich meiner Frau gerade mitgeteilt habe, dass sie eines Tages eine Nachfolgerin bekommen könnte.

»Was soll das denn heißen?«, höre ich es da auch schon dumpf aus dem Hintergrund. Für unglückliche verfängliche Aussagen hat meine Frau ein Echolot wie ein Delfin, sie lächelt dabei nur weniger.

»Ja ... vielleicht werd ich ja mal von einer Frau bestattet!«

Puh, das war knapp.

»Uh, schau mal, hier war er eine Robbe!«, brüllt Mutter in mittelstarker Ekstase, und ich weiß jetzt schon, was kommt. In meiner langen Historie als vorhautfreier Velociraptor hatte ich auch kurze Ausreißer. Kinder sind ja von Natur aus verwandlungsfreudig.

»Och, wie süüüß«, höre ich Nadja bereits tröten. Für einen Moment wünsche ich mir, wir würden zu der Analyse meiner Phimose zurückkehren, denn das nächste Kapitel ist fast noch peinlicher.

»Das war der Mitmachzirkus Fridolin, da wollte er unbedingt eine kleine Robbe sein. Na ja, er hat es zumindest versucht.«

Tief aus meinem Unterbewussten tauchen Erinnerungen an einen traubenfarbenen Fahrradschlauch auf, der sich um meinen speckigen Kinderkörper spannte, während eine orange Badekappe meine feisten Kinderbacken wie einen Katenschinken mit Augen zusammenpresste. Ich war kaum noch in der Lage zu atmen und trotzdem voller Stolz auf den Balanciertrick mit dem roten Ballon auf meiner Nase.

»Es gab so viele Rollen. Man konnte Giraffe spielen, Elefant, Nilpferd, aber nein, Basti wollte unbedingt die Robbe sein.«

»Mama, bitte mach das Album zu!«, flehe ich in einem letzten Versuch der Ehrenrettung.

Denn ich kenne die Bilderstrecke. Sie hat sich als Abfolge des blanken Horrors in mein Bewusstsein gebrannt. Ähnlich wie bei einem Autounfall, dem man in Zeitlupe zuschaut, aber nichts dagegen unternehmen kann.

»Also eins konnte Basti wirklich gut, dieses Geräusch von der Robbe, dieses ›höööt hööőt‹. Mach das doch mal vor, mein Schatz, das war so niedlich.«

»Nein, Mama, ich mach doch jetzt hier am Telefon sicher nicht die Robbe!«

»Och, komm schon. Dann zeig ich auch nicht die

Bilder von Onkel Bernhards Geburtstag«, erpresst mich meine Mutter mit der Beiläufigkeit eines Verhörspezialisten.

»Hööööt Hööööt … jetzt zufrieden?«

Die Blamage, vor meiner Frau einen Meeressäuger zu imitieren, ist immer noch kleiner als die Fotos von Onkel Bernhards Geburtstag, bei dem ich betrunken zu *Like a virgin* tanzte. Na ja, lassen wir das.

»Ja, das kann er wirklich gut, Inselbegabung würde ich sagen«, konstatiert Nadja und kichert über ihren eigenen Witz.

»Die große Illusion war, dass er als Robbe einen Ball auf seiner Nasenspitze balancieren konnte«, sagt meine Mutter nicht ohne Stolz.

»Allerdings hatte er eigentlich nur das dicke Ende von einem Ballon im Mund«, zerstört sie die geniale Illusion sogleich wieder, auf die damals nicht mal die Vierjährigen im Publikum reingefallen sind.

»Der Anzug war aber ein bisschen eng«, stellt Nadja bei der Beschau der Bilder fest.

Wirklich scharfsinnig. Das Ding war für »normale« Achtjährige gedacht, nicht für so einen buttergefütterten Götterklumpen, wie ich es als Kind nun mal war. Ich stellte das Material meines Anzugs auf eine harte Probe, die es eindeutig nicht bestand.

»Ja, leider viel zu eng, wie man hier sieht.« Meine Mutter blättert deutlich hörbar um, und ich höre nur noch Nadjas wimmerndes Lachen.

Jede Geschichte muss nun mal ein Ende haben, und in diesem Fall ist es einfach kein besonders schönes. Kurzum, gerade als meine Robbennummer auf ihrem traurigen Höhepunkt angelangt war, ich mich in der Manage mit dem Ballon im Mund zweimal im Kreis gedreht hatte und nun wieder in Richtung Ausgang robben wollte, platzte die Pelle rücklings und gab den Anblick auf meinen schneeweißen Kinderhintern frei.

»Als würde ein Fahrradreifen ein dickes Kind zur Welt bringen«, fasst es Mutter in knappe, aber wie immer treffende Worte zusammen, während Najda im Hintergrund wie ein kompletter Karnevalsumzug an Weiberfastnacht geiert.

Mein Vater hatte natürlich fröhlich weiterfotografiert, also gab es den wohl peinlichsten Unfall meines Lebens nun als Fotostrecke in ein Album geklebt, eine Chronologie meines Versagens, die *Bravo* Fotostory über einen dicken Jungen, der aus der Pelle platzte.

»Erst hat er's gar nicht gemerkt und sich fröhlich weitergedreht«, sagt Mutter mit tränenerstickter Stimme, und ich kann fast körperlich fühlen, wie sie mit ihrem Finger auf das Foto mit meinem fröhlichen Robbengesicht tippt, das ganz langsam, dann aber extrem plötzlich einem schamerfüllten Heulgesicht Platz macht.

Die letzten Bilder zeigen, wie ich von dem mit Sägespänen bedeckten Manegenboden aufstehe, dem Publikum den Rücken zudrehe, das ganze Ausmaß des Risses unfreiwillig noch mal der johlenden Menge präsentiere und dann heulend Richtung Ausgang renne.

»Den Ballon hat er die ganze Zeit im Mund behalten«, stellt Mutter nüchtern fest.

Sie hat recht. Auf allen Bildern, ob vom Gewahrwerden des Missgeschicks bis zum unvermeidlichen Abgang, habe ich trotzdem die ganze Zeit den blöden roten Ballon im Mund behalten, anscheinend klammerte sich irgendetwas in mir an meine große Rolle als Robbe des Zirkus Fridolin.

»Wie nennt man das noch mal, so ein Verhalten, Spatzilein? Du bist doch Psychologe ... also fast«, fragt Mutter, nicht ohne dabei eine Spitze in Richtung Karriereplanung zu setzen.

»Übersprungshandlung«, japse ich und frage mich gleichzeitig, warum ich hier überhaupt noch Fragen beantworte.

»Überplatzhandlung«, grölt Nadja, und Mama stimmt ein wie die Fischerchöre.

Das Einzige, was mich in diesem Augenblick tröstet, ist die Tatsache, dass mich Nadja ganz bestimmt nie wegen meiner Mutter verlassen würde, schließlich scheint die beiden nicht nur das Interesse an meiner Lächerlichkeit zu einen, sondern auch derselbe Humor.

Für meine Eltern käme dann sicherlich auch eine Adoption infrage. Dann könnten sie Nadja gegen mich eintauschen und hätten ein Problem weniger.

Aber auch weniger zu lachen.

OTTO SÜSS-SAUER

Das Handy klingelt, ich drehe mich träge aus der Sonne und pflücke es von dem kleinen Plastiktisch, der neben mir steht.

»Ja?«

»Spatzilein! Na, wie ist Kreta?«

»Griechisch, Mama … sehr griechisch.«

»Das ist überraschend. Wisst ihr, ob der Otto schon mal mit Echinacea bedampft worden ist?«

»Wie bitte?«, frage ich sehr laut, wodurch neben mir Nadja aus ihrem seeligen Urlaubsschlaf aufwacht, der die letzten acht Tage nur durch kurze Ausflüge ans Büfett und in den Pool unterbrochen wurde. Wir sind nicht gerade Aktivurlauber. Sie hat gerade wahrscheinlich einen Ruhepuls unter der Außentemperartur, aber als das Reizwort »Otto« fällt, wacht sie schlagartig auf.

»Bedampft? Warum bedampft? Nein, Otto ist noch nie bedampft worden. Muss er auch nicht. Er ist ja kein Betttuch.«

»Ganz ehrlich, Bastian. Ihr müsst mal mit dem kleinen Schatz arbeiten, bei dem ist einiges im Ungleichgewicht.«

Ich merke schon, Mutter ist heute mal wieder auf dem Eso-Trip. Jenseits ihres sehr pragmatischen Wesens, das meine Eltern allein schon wegen ihrer westfälischen Herkunft auszeichnet, hat meine Mutter eine Nebenströmung für allerhand okkulten Nonsens. So bin ich schon als Kind mit so vielen verdünnten Essenzen und Globuli vollgestopft worden, dass es ein Wunder ist, dass ich heute überhaupt noch Abwehrkräfte habe.

Otto ist wohlgemerkt ein Mops, kein Vierjähriger, und wurde während unseres Urlaubs für zwei Wochen bei meinen Eltern geparkt. Dort streichelt ihm meine Mutter die komplette Zeit über fast das Fell vom Leib, und mein Vater stopft währenddessen alles in ihn rein, was der Kühlschrank meiner Eltern bereithält. Das hat schon zu Diskussionen der Marke »Reibepfannkuchen sind auch für Hunde gesund« geführt, lässt sich aber nicht ändern. Dass Mutter ihren Hang zur Homöopathie jetzt aber auch an Otto auslebt, ist ein bisschen viel.

»Mama, lass den Hund doch einfach Hund sein.«

»Lass ich doch!«

»Also bitte auch kein Hokuspokus. Der Placeboeffekt funktioniert bei Otto nicht.«

»Das ist kein Placebo! Seit der Akupunktur ist Otto viel mehr im Gleichgewicht.«

»Akupunktur?! Du warst doch nicht mit dem Hund bei der Akupunktur?«

»Doch ... warum nicht? Was für den Menschen gut ist, kann doch auch für den Hund ...«

Ein Mops bei der Akupunktur. Otto hat so viele Fettfalten im Gesicht, den könnte man mit der Hilti und 'nem 8er-Bohrer akupunktieren, und er würde es wahrscheinlich nicht mal merken. Ich sehe unseren Hund schon bildlich vor mir, mit Nadeln gespickt wie ein sandfarbener Käseigel, mit dem gleichgültigen Blick, der seine Rasse auszeichnet. Mutter hat einen Hellraiser-Mops erschaffen. Mithilfe eines Homöopathen!

»Du hast Otto doch nicht echt akupunktiert.«

»Doch ... man könnte sogar sagen, er wurde ottopunktiert ... hihi.«

»Mama, spinnst du, du hast doch dem Hund nicht ernsthaft Nadeln in die Runkelrübe gerammt?«

»Ich doch nicht. Dr. Lao!«

»Dr. Lao?«

»Ja, das ist mein TCM-Arzt ... traditionelle chine...«

»...sische Medizin. Ich weiß, Mama. Glaubst du wirklich, dass Leute, die sich als Erektionshilfe gemahlenes Nashorn und Tiger über die Nudeln reiben, die richtigen Ansprechpartner in Sachen Medizin sind?«

»Das ist eine jahrtausendealte Tradition!«

»Ja, und weißt du, was da auch Tradition ist?«

Langsam wacht Nadja neben mir aus ihrem Bräunungskoma auf, vielleicht auch, weil meine Stimme immer mehr ins Hysterische abgleitet.

»Was ist denn noch Tradition?«, will meine Mutter wissen.

»HUNDE ZU ESSEN! Der will den Otto vorm Bedampfen bestimmt noch marinieren, oder?«

»So ein Quatsch, der ist ganz lieb zu Otto, unser Kräutergespräch war sehr gut!«

»Kräutergespräch? Erst mit ein bisschen Rosmarin angrillen und nachher mit Thymian abschmecken? Mama, bitte lass den Quatsch sein, der Mops lebt auch ganz gut und gesund, ohne dass man mit ihm *arbeitet.*«

»Also deinem Vater hat die TCM sehr geholfen.«

»Du warst mit Papa da?«

Mein Vater beim Bedampfer! Wie absurd. Im *Brockhaus* ist neben dem Wort »Pragmatismus« ein Foto meines Vaters abgebildet. Er findet sogar, dass Wettervorhersagen Hokuspokus sind, da möchte ich nicht wissen, was er von traditioneller chinesischer Medizin hält. Mein Vater ist so ein Realist, dass er beim Kinobesuch von *Herr der Ringe* während des Films aufgestanden ist und so lange »wie unrealistisch, so ein Blödsinn« gerufen hat, bis er von den Kinomitarbeitern aus dem Saal geführt wurde.

»Dein Vater hat jetzt wieder richtig Spannkraft in den Hüften.«

»Oh mein Gott, Mama, sag doch bitte so was nicht, die Bilder bekomme ich doch nie wieder aus dem Kopf.«

»Ich meine doch für seinen Stepper im Keller. Was denkst du denn?«

»Ist ja gut … Mama, tust du mir einen Gefallen?«

»Ja, Spatz?«

»Pack bitte Otto ein, fahr mit ihm nach Hause und gib ihm ein schönes Schweineohr. Dann ist er glücklich.«

»Schweineohr … das passt doch gar nicht in seinen Diätplan.«

»Oh Mama! Weißt du was? Mach einfach. Ich hätte den Hund nur gerne am Sonntag wieder so zurück, wie ich ihn bei euch abgegeben habe.«

»Noch besser, mein Junge. Du bekommst ein Otto-Upgrade. Einen Otto 2.0!«

Mir würd's schon reichen, wenn Otto nicht immer wie ein serbischer Henker auf Bohnendiät furzen und mich zum Aufwecken anniesen würde, aber gut.

»Jaja … mach mal … hab dich lieb.«

»Ich dich auch, Spatzlein, Grüße vom Ottoschatz!«

Ich lege auf, neben mir nippt Nadja an ihrer Piña colada und schaut mich schläfrig durch ihre Sonnenbrille an.

»Sie hat unseren Hund mariniert?«, fragt sie.

Gefährliches Halbwissen im Anflug. Sie hat ja auch nur die Hälfte unseres Gesprächs mitbekommen, und das war wohl bekloppt genug.

»Neiiin! Sie war mit ihm bei der Akupunktur! Bei der AKUPUNKTUR!«

»Vielleicht tut ihm das ja gut … könntest du ja auch mal machen.«

»Wie bitte, wofür denn?«

»Mehr Spannkraft in den Hüften«, sagt meine Liebste und dreht sich lachend wieder in die Sonne.

ER SAGT, SIE SAGT

Basti, willst du eigentlich auch mal wachsen?

Zwei Meter sind ja wohl genug!

Wachsen! Also Haare entfernen!

Ach so! Nee, ich denke mal, haarlose Beine sähen bei mir doch etwas eigenartig aus, oder?

Doch nicht die Beine, du Dödel!
Den Rücken!

Ich hab doch keine Haare am Rücken!

Hast du nicht? Dann guck mal in den Spiegel.

Ich renne ins Bad und sehe, dass ich mir den Pullover zukünftig sparen kann, King Kong wäre neidisch auf mich.

Iiiiiiigittt!!! Warum hast du denn nix gesagt?

Was dachtest du denn, warum ich dich immer ›Mein Bärchen‹ nenne?

Das ist ein Kosename! Ich nenn dich doch auch nicht Schnecke, weil du schleimig bist und nur Salat frisst!

Tja, dann müssen wir wohl an unserer Kommunikation arbeiten!

(Handgemenge)

DER MESSIAS ZU PFERDE

Das Telefon schellt. Ich werde mit einem Geräusch begrüßt, das ein bisschen wie ein hustender Weihnachtsmann klingt.

»Papa?«

»Ja, warte mal, ich kann nicht mehr …«

»Du hast doch angerufen.«

»Chöm, chöm, chöm …«

»Geht's dir gut?«

Entweder hat mein Vater einen spontanen Herz- oder Lachanfall. Ich hoffe mal Letzteres.

»Jetzt wieder gut? Was ist denn los?«

»Erinnerst du dich noch an deinen Urlaub auf dem Reiterhof?«

»Ja, ungern.«

»Ich wollte eben den Diaprojektor vom Dachboden holen, und weißt du, was mir da in die Hände gefallen ist?«

»Die Bundeslade?«

»So ähnlich. Deine schönsten Reiseaufsätze.«

Beim Wort »Reiseaufsätze« werden ungute Erinnerungen an etwas wach, das ich gerne für immer vergessen hätte. Denn mit der rot-schwarzen Kladde wurde ich zum Abschluss unserer katastrophalen Urlaube auch noch damit gefoltert, meine Erlebnisse zu Papier zu bringen. Ganz Lehrerkind, hatte mein Vater nämlich angeregt, dass ich zur Übung von Ausdruck und Grammatik unsere gemeinsamen Erlebnisse verewige. Dieses Zeugnis meines omnipräsenten Versagens ist zu Recht irgendwann auf dem Dachboden gelandet, und ehrlich gesagt wäre es nicht schlimm gewesen, wenn dieser Almanach eines dicken Kindes dort auch die nächsten hundert Jahre verbracht hätte.

»Oje.«

»HERRRLICH!«, freut sich mein Vater. »Da sind sogar Bilder drin!«

»Traumhaft.«

»Wie du aussahst! Was war denn das für eine Turnhose?«

»Das war eine Reiterhose, die habt *ihr* mir gekauft!«

»Warum haben wir das denn gemacht, da musste dich abends ja der ADAC rausschneiden!«

»Hast du nur angerufen, um doofe Witze zu reißen, Papa?«

»Ach komm, das war doch lustig!«

»Papa. Ich hatte danach beschlossen, nie wieder in den Urlaub zu fahren!«

»Und trotzdem waren wir noch oft zusammen weg. Denk nur an die Türkei oder Italien!«

»Ja, erinnere ich mich dran. Lauter Katastrophen, die wir nachher gemeinsam bereut haben!«

»Ingrid, der Junge sagt, unsere Urlaube wären gar nicht so schön gewesen. Das kann doch nicht sein?«, fragt mein Vater verdutzt meine Mutter, die giggelnd neben dem Telefon sitzt.

»Deine Mutter sagt, unsere Urlaube waren wunderschön!«

»Mit Meinungen ist das wie mit Frisuren. Jeder hat eine.«

»Weißt du was, ich schicke dir das Aufsatzbuch einfach mal zu. Vielleicht weißt du dann irgendwann einmal zu schätzen, welche großartigen Reisen dir deine Eltern ermöglicht haben!«

»Na, wenn ihr meint.«

Aufgelegt. Mein Vater verfährt mit unseren Gesprächen langsam genau wie die Figuren in Filmen. Die sagen auch nicht mehr »Tschüss« oder »Auf Wiedersehen«, die legen einfach auf. Im Geist sehe ich schon den niemals lächelnden DHL-Mann vor meiner Tür stehen, ein Paket in der Hand, auf dem bestimmt ein Adressat wie »Die kindliche Kaiserin Bastian Bielendorfer« oder »Krohnsohn Bielendorfer« angegeben ist. Ich will es gar nicht lesen. Die Erlebnisse auf dem Reiterhof sind mir auch zwanzig Jahre später noch mehr als präsent.

Mein schlimmstes Urlaubserlebnis: Der Reiterhof

Mein Vater stellt uns das Urlaubsziel für den Sommer vor. Gran Canaria. Fünf Sterne Deluxe.

Als ich den Hochglanzprospekt sehe, kann ich mein Glück kaum fassen. Ich sehe ein elfenbeinfarbenes Gebäude mit azurblauem Pool, riesigen Büfetts, Menschen mit Tauchermasken, die auf tropische Fische starren. Mutter und ich sind komplett gebannt. Sie sagt, das wären exakt fünf Sterne mehr als bei jedem Urlaub zuvor.

Nur ein Wort auf dem Prospekt beunruhigt mich. „P-Ä-Ä-Ä-R-C-H-E-N-Hotel“, lese ich laut vor, und Vater klärt meinen Irrtum auf: Während sie auf tropische Fische starren, fahre ich mit meinen Großeltern zum Erlebnisurlaub auf den Bauernhof. Dann öffnet Mutter einen Piccolo. Es scheint nicht viel Diskussionsspielraum zu geben.

Drei Wochen später. Ich sitze auf einem Pferd, das sich unter mir biegt wie eine Hängematte. Im Sauerland. Mein Pferd heißt Sultan, gleicht von der Statur her aber eher einer Sultanine. Es ist strohgelb, rund wie ein Fass und hat einen stumpfen Blick, weil es wahrscheinlich seit Jahren dazu missbraucht wird, dicke Kinder durchs Sauerland zu schleppen.

In der Reithalle riecht es nach Sägespänen, Traktorbenzin und Pferdefurz. Oma und Opa gefällt's aber.

Meine Großeltern stehen am Rand des Reitplatzes und winken mir begeistert zu. Mein Reitlehrer ist ein

Mann mit einem Gesicht wie eine alte Lederhandtasche. Er behauptet, ein entfernter Verwandter unseres Bundespräsidenten Weizsäcker zu sein, könnte von der Sozialkompetenz her aber auch der Zwillingsbruder des ehemaligen Reichskanzlers sein. Er heißt Herr Grobhuhn und brüllt ständig: „Gorode sätzen!"

Das ist eindeutig an mich gerichtet, denn die anderen Kinder sind allesamt Mädchen und sitzen auf ihren Pferden wie mit der Wasserwage ausgemessen.

Ich hoppele mit verrutschtem Reiterhelm auf dem Kopf mit Sultan durch die Reithalle, als wäre ich das Urmel aus der Augsburger Puppenkiste, bei dem ein Teil der Fäden abgerissen ist. Der Reiterhelm ist im Gegensatz zu den schwarzen samtbestickten Modellen der Mädchen gar kein Reiterhelm, sondern ein sehr stark ins Pinke schillernder Fahrradhelm, den ich von zu Hause mitgebracht habe. Die Reiterhelme für Kinder waren für meinen westfälischen Bullenschädel allesamt zu klein. In der Annahme, dass ich meiner Kopfform entsprechend plump sei, hatte Herr Grobhuhn das entsprechende Pferd ausgesucht: Sultan ist dick, langsam und schicksalsergeben.

„Trab, Trab, Trab", gibt Herr Grobhuhn als Signal und streicht einmal mit seiner Reitpeitsche symbolisch in der Luft im Kreis. Alle anderen Pferde erhöhen das Tempo, nur bei Sultan klemmt wohl der zweite Gang. Er trottet immer noch wie ein Hängebauchschwein über den Hallenboden, noch zwei Zentimeter tiefer, und sein Wanst schleift ein Muster in den Sand.

„Ich glaub, mein Pferd ist kaputt", analysiere ich messerscharf, worauf Herr Grobhuhn nur ein „Ich glob, du bis kapott" erwidert. Sauerländer halt.

Meine Großeltern stehen an der Abzäunung und strahlen mehr als fünf Kilo waffenfähiges Uran. Sie sind mit einer seltsamen Bewusstseinsstörung zur Welt gekommen, die sie glauben lässt, ich wäre der beste Enkel der Welt. Der alles besser kann als andere Kinder, schöner ist und klüger natürlich auch. Selbst mein konsequentes Versagen in jeder Art von Sport ignorieren sie konstant oder schreiben meine Ungeschicklichkeit bösen Mächten oder der mutwilligen Boshaftigkeit der anderen zu.

Für alle anderen Menschen bin ich ein verwachsener, windschiefer Brocken, für den aufrechtes Sitzen schon eine Sportart darstellt und der beim Sprechen spuckt, als müsste er zwei Sektkorken im Mund balancieren. Kurzum, der beste Enkel der Welt.

Auch wenn ich kurz davor bin, den armen Sultan in der Mitte durchzubrechen wie ein Twix, scheinen meine Großeltern fest davon überzeugt, dass ich den anderen Kindern in Sachen Anmut und Grazie weit überlegen bin. Sie sind einfach gute Menschen. Ich hoffe, die Bewusstseinstrübung löst sich nicht eines Tages durch einen starken Windzug durchs Oberstübchen in Luft auf und sie sehen der grausamen Realität entgegen, in der ihr Enkel nicht halb so makellos ist, wie es durch ihre Brille großelterlicher Liebe aussieht.

„Galopp, Lopp, Lopp", ruft Herr Grobhuhn plötzlich mit scharfer Stimme und lässt noch mal die Peitsche kreisen. Ich bin mir relativ sicher, dass Sultan keinen Mucks macht, da er schon bei gesteigerter Schrittgeschwindigkeit versagt. Doch hoppla, plötzlich gibt die dicke Sultanine Vollgas, als hätte man das Pferd mit Kerosin betankt. Meter um Meter legen wir auf dem Weg zur Schallgeschwindigkeit zurück. Ich habe das Gefühl, dass sich Raum und Zeit um mich herum krümmen, meine Sicht wird ganz undeutlich. Können aber auch die Tränen sein, die mir übers Gesicht laufen.

„Longsoooom, Sultooon", brüllt Herr Grobhuhn noch, während sich mein Pferd aus der Gruppe herausschält, die pikiert dreinblickenden Mädchen auf ihren Edelrössern überholt und wohl eine kleine Revolution wagt. Schade, dass ich bei dieser im Sattel sitze.

Zumindest fast, denn der Sattel verrutscht und zieht mich dem Erdboden entgegen. Da hilft nur eins: abspringen. Geht aber leider nicht, weil ich mit dem Gürtel am Sattel festhänge.

Das allerdings nur kurzzeitig, denn mein grüner Ninja-Turtles-Gürtel hält der Belastung nicht stand und reißt.

Die Hose rutscht in die Knie, und ich werde, freigelegt von einem wild gewordenen Hängebauchschwein, das sich für ein Pferd hält, durch den Sand gezogen. Wenigstens muss meine Oma heute Abend den anderen Pensionsgästen beim Abendessen nicht von meiner Vorhautverengung erzählen. Das Letzte, was ich höre, bevor der doofe Gürtel endlich reißt und ich unsanft auf dem Reithallenboden lande, ist die Stimme von Herrn Grobhuhn. „Gorode sitzen", höre ich, bevor alles schwarz wird.

Meine Oma strickt. Wobei das eine recht nüchterne Aussage ist für die Menge an Strickwaren, die sie fortlaufend produziert.

Christo verhüllt den Reichstag. Oma verhüllt unsere Familie. Sportsocken, Pullover, Pullunder, Mützen, Schals ... alles mit einer unfassbaren Akribie gefertigt. Jede Masche sitzt, der Elch auf dem Weihnachtspulli tanzt wasserwaagengerecht im Kreis. Nur einen kleinen Makel hat der Überfluss an Strickwaren, die sie fortlaufend produziert: Nichts passt. Es hat alles die falsche Größe.

Vaters Pullover trennen treffsicher den Rumpf von der nackten Bauchnabelzone ab, die Handschuhe wären auch im O.J.-Simpson-Fall als Gegenbeweis geeignet gewesen, und die Socken sind so groß, dass ich sie bis zu den Knien hochziehen muss, um nicht alle paar Meter dem Tod entgegenzustürzen.

Sie strickt auch jetzt wieder in dem großen Ohrensessel gegenüber meines Betts und lächelt mich gütig an, als ich die Augen aufschlage.

„Na, wach, mein Schatz?“, sagt sie und streichelt mir über den Kopf. Zum Glück hat uns Sultan nicht in eine neue Dimension beschleunigt. Ich kuschle mich unter der weißen Bettdecke meines Pensionsbetts zusammen wie eine Raupe und versuche, die Erinnerung daran zu verdrängen, was mich hierhergebracht hat. Offensichtlich lebe ich noch. Ich dachte, wenn der Sturz mich schon nicht umbringt, hätte die Scham es vielleicht erledigt.

Mein Opa lobt meine tolle erste Reitstunde. Sein auf mich fixierter Optimismus ist anscheinend nicht mal durch meinen Striptease auf Sultan zu erschüttern. Ich glaube, meine Großeltern wären selbst dann noch stolz auf mich, wenn ich auf Sultan sitzend den kompletten Reiterhof abgerissen und niedergebrannt hätte.

Ich hoffe, dass die Blamage zumindest etwas Gutes hat und eine weitere Fortsetzung meiner Galopperkarriere nicht zur Diskussion steht, allerdings machen meine Großeltern dieser Fantasie relativ schnell ein Ende.

„Morgen gibt es einen Ausritt, du ruhst dich jetzt besser aus“, sagt meine Oma und nimmt eine neue Masche auf. Ich hoffe, sie strickt mir eine Ritterrüstung. Ich werde sie wahrscheinlich brauchen.

Das Sauerland ist wirklich schön. Wenn man nichts anderes kennt. Aber auch sonst haben die grünen Hügel, die man zur Erheiterung aller Tibeter in Deutschland auch Berge nennt, etwas seltsam Beruhigendes. Es passiert halt nicht viel. Ein Habicht fliegt. Eine Tanne steht. Das Sauerland ist da.

Die beruhigende Wirkung des Sauerlands überträgt sich anscheinend auch auf mein Ersatzpferd. Es heißt Penny und wurde mir zugeteilt, weil selbst Herr Grobhuhn es wohl für eine schlechte Idee hielt, mich wieder auf den Amoksultan zu setzen. Penny dagegen stellt wohl selbst für mich keine Gefahr da. Sie ist das älteste Pferd des gesamten Reiterhofs und nur halb so groß wie Sultan. Was zur Folge hat, dass ich meine Füße anwinkeln muss, damit sie im Sitzen nicht den Boden berühren.

Vor mir reitet Beatrix aus Düsseldorf. Sie ist vierzehn und hat sich den erhabenen Blick von ihrem Pferd Apollo abgeschaut. Trotz Zahnspange und Clearasilfresse sieht sie mich an, als wäre ich ein Orang-Utan auf einem Schaukelpferd. Weil ich erst zwölf bin und sie vierzehn, gehöre ich für Beatrix kaum der Spezies Mensch an.

„Bisse schwul, oder warum bisse aufm Reiterhof?", hatte sie mich unter dem Gelächter der anderen Teeniemädchen am Vorabend beim Stallsäubern gefragt. Meine Antwort „Ich bin mit meinem Opa hier" war zwar ehrlich, hatte aber nicht gerade deeskalierend gewirkt. Jetzt fantasiere ich die ganze Zeit, wie ich die arrogante Schnepfe mit meinem Schlachtross Sultan von ihrem Pferd stoßen und durchs Sauerland hinter mir herziehen könnte. Leider verfügt Penny unter mir nicht über solche kriegerischen Qualitäten. Alle paar Meter halten wir an, ich entlaste sie ein wenig, indem ich die Beine auf den Boden stelle und mich vom Sattel abhebe, sie schnauft durch, und es geht weiter. Ich bin der Letzte in unserer Karawane und hoffe, mich vor dem gestrengen Blick meines Reitlehrers verstecken zu können, was natürlich nicht funktioniert. Herr Grobhuhn ist so etwas wie die CIA des Sauerlands, er hat uns alle dauerhaft im Blick.

„Pobocken anspännen“, ruft Herr Grobhuhn, und die Gruppe fällt in einen leichten Trab. Am Horizont scheint eine trübe Sonne über die sauerländische Prärie. „Du och“, ruft Herr Grobhuhn, als er sieht, dass ich wohl sichtliche Probleme damit habe, gleichzeitig die arme Penny am Leben zu erhalten und meine Pobacken anzuspannen, was aus irgendeinem Grund Teil der Übung sein soll.

„Ich kann nich“, rufe ich, was Herr Grobhuhn nur mit einem nüchternen „Komisch, du bis joa fost nur 'ne Pobocke!“ erwidert.

Beatrix lacht, und der Kühlergrill in ihrem Mund glänzt in der Sonne.

Ich mache mir in meinem Geist eine Notiz, dass ich, wenn ich jemals wieder auf Sultan sitzen darf, wirklich den kompletten Hof niederreißen werde.

Ich muss sagen, dass das Reiten mir mittlerweile

sogar gefällt. Irgendwie ist es ja auch ein schönes Gefühl, in der freien Natur zu sein, den Horizont im Blick, Penny im leichten Trab, die sich langsam an mein Gewicht gewöhnt hat.

„Gorode sätzen!“, brüllt Herr Grobhuhn wieder über den ganzen Tross hinweg und reißt mich aus meinen Tagträumen. Dann geht er zu der Kommunikationsform über, die alle Erwachsenen anwenden, wenn auf mehrmalige Forderung keine Besserung erfolgt ist. Drohen.

„Wenn du niach gorode sätzt, bekommst du die Speziolbehandlung“, droht Herr Grobhuhn mir. Ich muss unweigerlich etwas grinsen, denn seine Worte klingen wie ein lecker Fahrradschlauch. Er drückt seine Worte aus seinem Hals, als müsste er gleich husten. Offensichtlich findet das Herr Grobhuhn nicht halb so lustig wie ich, denn wenige Minuten später komme ich noch in den Genuss der „Speziolbehandlung“, weil ich wieder nicht „gorode gesässen“ habe.

Meine Großeltern stehen schon am Eingangstor des Reiterhofs, als die Karawane der Verlorenen langsam wieder die Hauptstraße hinaufreitet. Sie sind wie immer fröhlich und winken. Ich frage mich, ob so viel ehrlich empfundene Begeisterung überhaupt gesund sein kann?

Dann sehen sie mich, den Spezialbehandelten, der immer noch am Ende des Treks reitet und unschwer zu erkennen ist. Und als sie mich sehen, wird meinen Großeltern, die mich seit Jahren konsequent zum besten Enkel der Welt hochgelobt haben, plötzlich klar, dass das ein kapitaler Irrtum war. Sie haben schwer untertrieben. Denn das, was sie sehen, lässt nur einen Schluss zu. Ich sitze immer noch auf Penny, den verrutschten Fahrradhelm auf dem Kopf, die Arme sind zu den Seiten ausgestreckt. Herr Grobhuhn hat endlich hinbekommen, dass ich „gorode sätze". Dazu brauchte er nur einen Stock und zwei Seile, mit dem er mir die Arme vom Körper rechtwinklig abgespreizt festgebunden hat. Das Bild erzeugt vor allem einen Eindruck: „Jesus ist aber dick geworden."

Penny unter mir schnauft schicksalsergeben. Ihr ist wohl nicht bewusst, dass sie gerade den adipösen Messias durchs Sauerland schleppt. Wenigstens hat Herr Grobhuhn auf eine Dornenkrone verzichtet. Als langsam der Reiterhof in Sichtweite rückt, sehe ich auch schon meine Großeltern in ihrem unerschütterlichen Modus der Begeisterung an den Toren stehen.

„Das ist nicht der beste Enkel der Welt, das ist der Heiland!", fasst meine Oma es in die Hände klatschend zusammen, als ich in der doch etwas seltsamen Pose einreite.

Am nächsten Tag auf der Rückfahrt teilen wir alle eine Erinnerung: Reiten gelernt, gekreuzigt und heimgekehrt. Mehr geht bei einem Urlaub im Sauerland wirklich nicht.

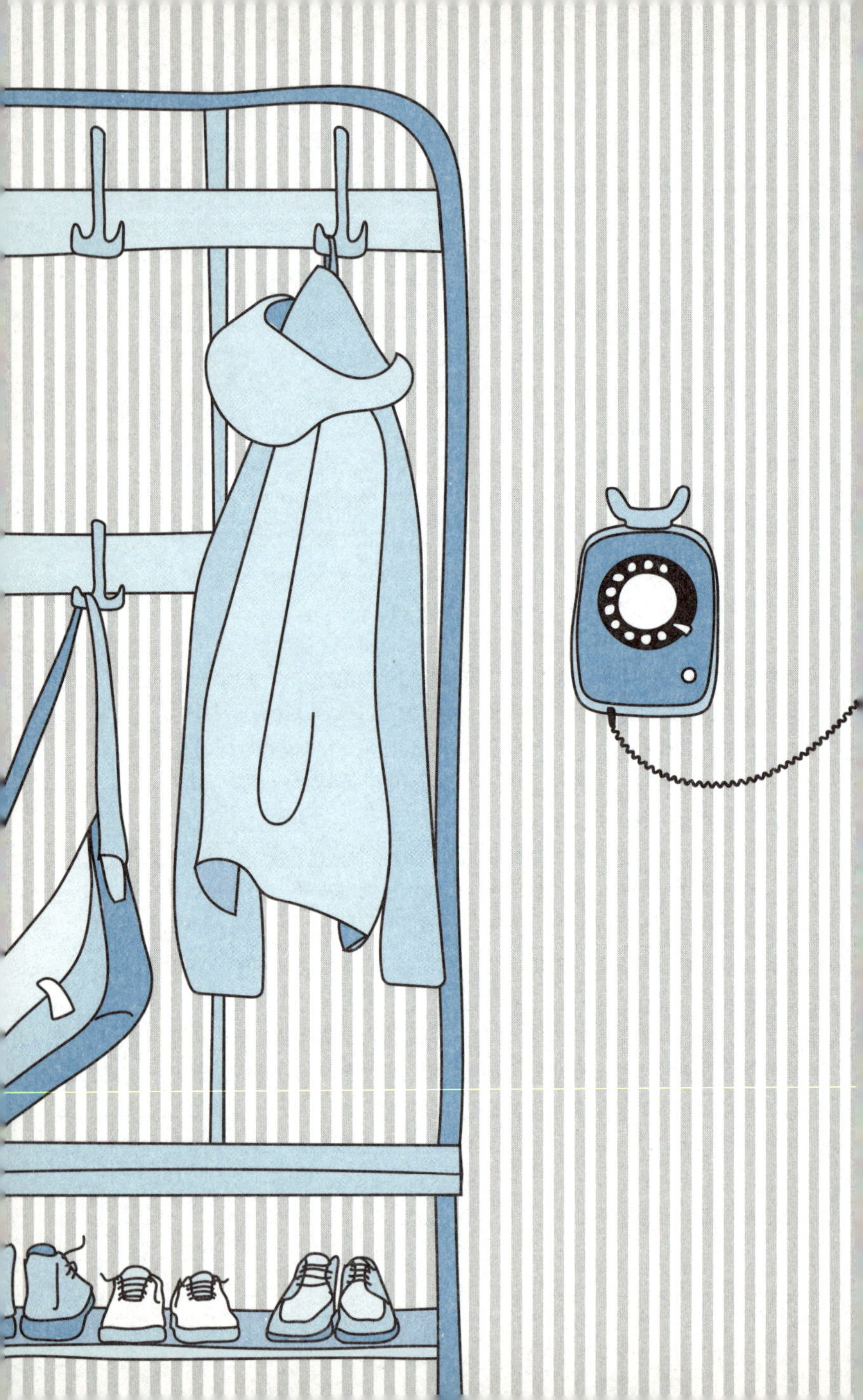

DIE RÜCKRUFAKTION

Es ist Sonntag. 7.30 Uhr.

»Huhu, Sohnemann, schon wach?«

»Jetzt schon, Mama … gibt's einen Notfall, was ist los?«

»Ja, es ist ein Notfall!«

»Ja? Was ist denn?«

»Unser Rasenmäher wurde geklaut.«

»Äääh … ja, das ist eine Katastrophe. Ruf doch Angela Merkel an, was die darüber denkt. Oder den Obama. Die haben bestimmt auch gerade nix zu tun.«

»Das war bestimmt der Gallenreiter!«

»Wer, Mama?«

»Mein Gott, Norbert Gallenreiter.«

Ach, der Nachbar. Schießt der immer noch mit dem Luftgewehr auf Amseln?«

Gallenreiter hatte immer gerne auf Singvögel gezielt, noch lieber aber auf mich.

»Ja, inzwischen hat er aber einen Klumpfuß und ein schiefes Auge, da trifft er nicht mehr!«

»Mama, deiner Beschreibung nach klingt es so, als wäre nicht der Gallenreiter euer Nachbar, sondern eine Mischung aus Frankenstein und Godzilla! Warum sollte der denn euren Rasenmäher klauen?«

»Das war mal seiner.«

»War?«

»Hat er verloren, beim Rommé!«

»Ihr spielt Rommé um Geld?«

»Nein … um Rasenmäher.«

»Und was soll ich jetzt machen?«

»Du bist doch so schön groß.«

»???«

»Dein Vater hat Rücken, ich hab Ischias. Kannst du nicht mal über den Zaun klettern?«

»WAS? Ich brech bestimmt nicht bei eurem beknackten Nachbarn ein.«

»Das ist kein Einbruch. Das ist eine Rückrufaktion.«

»Ist mir egal, wie du das nennst. Auf keinen Fall klettere ich da rüber. Stell dir mal vor, der erwischt mich. Ruft doch die Polizei.«

»Mmh … das geht nicht, die sind auf deinen Vater nicht gut zu sprechen.«

»Warum das denn?«

»Die haben letztes Mal gesagt, wir sollen nur noch im Notfall anrufen.«

»Letztes Mal!?«

»Ach, dein Vater hat immer Falschparker aufgeschrieben und gemeldet.«

»Vor eurer Garage?«

»Nein, in ganz Gelsenkirchen. Ich glaub, die waren kurz davor, eine zusätzliche Telefonkraft für ihn einzustellen.«

»Papa hält die Bullen auf Trab.«

»So reden wir nicht, Bastian. Kommst du jetzt und hilfst mir, den Rasenmäher zurückzurufen?«

»Nein!«

»Dann muss ich das wieder selbst machen.«

»Mach mal. Und wenn's schiefgeht, weißt du, wen du im Notfall anrufst.«

»Die Polizei?«

»Mich, Mama. Mich!«

ER SAGT, SIE SAGT

Basti, soll ich heute Abend Gemüseauflauf kochen?

Negativ.

Negativ? Spielst du schon wieder Call of Duty?

Bestätige. Alternatives Abendessen vorschlagen. Sonst Luftschlag.

Wie wäre es mit: Du kümmerst dich selbst darum, wie du satt wirst?

Negativ!

Oder vielleicht such ich mir einfach einen Mann, der im Kopf nicht acht Jahre alt ist?

Negativ. Gemüseauflauf akzeptiert. Luftschlag abgesagt.

Siehst du, Frauen führen keinen Krieg.
Die gewinnen eh.

Bestätige.

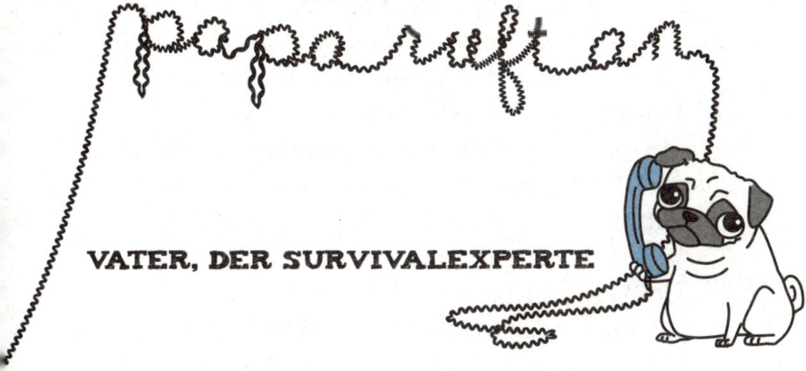

VATER, DER SURVIVALEXPERTE

Das Telefon klingelt. Mutter ist in Kur, jedenfalls nennt sie es so. Eigentlich ist sie bei der Rückrufaktion ihres Rasenmähers so unglücklich über Norbert Gallenreiters Gartenzaun gefallen, dass sie ihre Rückenprobleme jetzt in einer Privatklinik auskurieren muss. Für sechs Wochen. Definitiv die schwersten sechs Wochen im Leben meines Vaters. Beim letzten Mal, als er mehr als zwei Tage auf sich allein gestellt war, war er im Schullandheim. Als Kind.

Ich bin irritiert, weil Mutter eigentlich gesagt hatte, dass sie aus der Kur nur einmal pro Woche anrufen würde, um Bescheid zu geben, dass es ihr gut geht. Das hätte ich mir zwar auch ohne telefonische Rückmeldung denken können, da sich das Gefahrenpotenzial eines Kuraufenthalts gemeinhin in Grenzen hält, oder wurde schon mal jemand während der Wassergymnastik vom IS entführt? Na ja, man kann immerhin noch dabei ausrutschen, also gehe ich mal lieber ran.

»Hallo?«, frage ich, doch niemand antwortet. Man hört nur ein Schmatzgeräusch, das klingt, als würde ein Hamster an einer Karotte rumkauen.

»HALLO? Mama, bist du es?«

»Nee«, höre ich das sonore Organ meines Vaters. Danach folgt abermals schmatzendes Schweigen.

»Papa?«

»Ja, sag ich doch!«

»Du hast gar nichts gesagt.«

»Was erwartest du denn, wer dran ist, Sohn?«

»Papa, es gibt sieben Milliarden Menschen auf der Welt, die theoretisch alle anrufen können.«

»Haben die alle deine Nummer, Sohn?«

Vater hat recht, eigentlich haben nur meine Eltern meine Festnetznummer. Das Relikt des analogen Telefonanschlusses wurde vom Rest der Erdbevölkerung längst durch Handy und »Wottshäp« ersetzt, wie meine Mutter es nennt.

»Hör mal, muss ich dir erst erklären, wie man telefoniert? Da ich dich ja nicht sehen kann, ergibt es durchaus Sinn zu sagen, wer dran ist, anstatt nur auf seiner Zunge herumzukauen.«

»Jetzt lass hier nicht den Lehrer raushängen, Sohn. Wir haben ein Problem.«

»Haben wir das, ja?«

»Ja, das haben wir. Du weißt ja, dass deine Mutter im Kururlaub ist.«

»Ja, habe ich mitbekommen.«

»Und dass sie mich hier in meinem Elend zurückgelassen hat.«

»In deinem Elend zurückgelassen, Papa? Wo bist du denn, im Knast?«

»Nein, in Gelsenkirchen, Sohn. Was soll ich denn im Knast?«

»Das war ironisch gemeint, Papa.«

»Das Stilmittel der Ironie verlangt, dass sich Sender und Empfänger auf demselben intellektuellen Niveau begegnen können.«

»Aha. Soll das heißen, du hältst mich für zu blöd für Ironie?«

»Da du das verstanden hast, wohl nicht, Sohn.«

»Was ist denn jetzt das Problem, von dem du gesprochen hast?«

»Der Mikrowellenherd ist kaputt.«

»Das ist ja eine Katastrophe.«

»Das sehe ich auch so. Ich esse seit vier Tagen nur noch Knuspermüsli.«

»Knuspermüsli? Etwa trocken?«

»Ja, Milch ist auch alle.«

»Du klingst wie ein blinder Passagier auf der MS Doktor Oetker«, sage ich und lache.

»Lach du nur. Noch einen Tag mit Knuspermüsli, und ich kriege wahrscheinlich Skorbut.«

»Was ist denn überhaupt passiert?«

»Die Anleitung dieses Mikrowellenherds ist definitiv mangelhaft. Auch die Übersetzung weist offensichtlich Fehler auf. Die danken dem ›Hunden‹ für den Kauf, wo doch wohl der Kunde gemeint ist!«

»Und was ist dann passiert?«

»Ich bin da einfach mit gesundem Menschenverstand rangegangen.«

»Und es ging sicherlich schief …«

»Offensichtlich. Ich wollte lediglich eine Suppe heiß machen. Deine Mutter hat mir Hochzeitssuppe eingetuppert, weißt du.«

»Was kann denn da schiefgehen?«

»Wer hätte denn gedacht, dass diese Maschinen so leistungsfähig sind?«

»WAS ist passiert Papa?«

»Wie lange würdest du eine Suppe aufwärmen, Sohn?«

»Eine Minute? Vielleicht eineinhalb?«

»Aha … nicht eher fünfzehn Minuten?«

»Fünfzehn MINUTEN? In der Mikrowelle? Da kocht das doch komplett über.«

»Nicht unbedingt, Sohn.«

»Wann denn bitte nicht?«

»Wenn die Schale vorher schmilzt. Diese Tupperware kann Hitze wohl nur begrenzt ab … das ist bestimmt aus China!«

»Du hast die Tupperware geschmolzen?«

»Ich hab gar nichts getan, das war die Mikrowelle.«

»War das nicht eine Riesensauerei?«

»Kann man wohl sagen, sah aus wie eine Wachsskulptur vom Monster aus dem Sumpf.«

»Und was soll ich nun bitte machen? Das hat die Maschine doch nie überlebt?«

»Doch, hat sie, hab sie sauber gemacht, sie war dann fast wie neu.«

»War?«

»Ja … war … Wie würdest du denn eine Dose Ravioli warm machen?

»Im Topf?«

»Aha …«

»Du hast die Dose nicht ernsthaft in die Mikrowelle gestellt? Das wird doch niemals gleichmäßig heiß.«

»Oh, das schon, Herr Bocuse, heiß wurde es auf jeden Fall.«

»Dann ist doch gut.«

»Na ja, es gab da trotzdem ein kleines Problem.«

»Du hast die Dose nicht aufgemacht, oder?«

»Ach ja, deine Mutter hat eben angerufen, ich soll schön grüßen.«

»Du hast sie nicht aufgemacht, stimmt's?«

»Sie sagt, es gäbe dort auch Fangopackungen …«

»Papa … du hast die Dose in die Luft gejagt, ODER?«

»Ja, Sohn.«

»Was genau ist denn passiert?«

»Ich habe mich diesmal an die Zeitangabe gehalten, nur zwei Minuten. Wer hätte denn gedacht, dass man das Ding vorher aufmachen muss?«

»Jeder, der das Prinzip Überdruck kennt. Und jetzt?«

»Jetzt wäre es schön, wenn du kommen könntest.«

»Warum denn das?«

»Na ja, die Küche sollte wiederhergestellt sein, bis deine Mutter wieder da ist, sonst muss ich den Rest meines Lebens Knuspermüsli essen.«

»Wiederhergestellt? Hast du 'ne Atombombe gezündet, Papa?«

»Nein, eine Mikrowelle, Sohn. Erstaunlich, was diese Dinger für ein Explosionspotenzial haben.«

»Ist die Mikrowelle kaputt?«

»Ja, die auch ... kannst du eigentlich Fenster einsetzen?«

»Woher denn, bin ich Glaser?«

»Meines Wissens nicht, Sohn. Putzen kannst du aber, oder?«

»Wenn du Nadja fragst, eher nein.«

»Mmh, ich hatte die Hoffnung, denn du kommst ja besser an die Decke.«

»An die Decke?«

»Ja, da kleben Ravioli ... sieht aus wie moderne Kunst ... nur nicht so teuer.«

»Ach du Scheiße.«

»Ja, zum Glück war ich nicht im Raum, sonst hätte ich jetzt ein Stück Dose in der Stirn. Das steckt jetzt zum Glück im Toaster.«

»Oh mein Gott, Papa. Mama wird ausrasten.«

»Die Vermutung habe ich auch. Umso besser, dass du kommst.«

»Papa, ich hab eigentlich gar keine Zeit. Bestell dir doch eine Firma.«

»Was denn für eine Firma, Sohn? «

»Es gibt doch so Putzfirmen.«

Sage ich und sehe sofort das Ende von *Pulp Fiction* vor mir, in dem John Travolta und Samuel L. Jackson durch einen mysteriösen Fremden von ihrem blutbesudelten Auto befreit werden.

»Also, das kriegen wir ja wohl auch noch so hin, wir sind doch eine Familie!«

»Papa, den Satz sagst du auch immer nur, wenn du etwas willst.«

»Das ist wie bei dir mit dem ›Wie geht's euch, Mama und Papa!?‹ Das sagst du auch nur, wenn du was willst.«

Autsch. Das war ein Tiefschlag. Aber Papa hat recht, ich muss mich wirklich wieder öfter ohne Anlass melden.

»Okay … hör zu, ich komme rum, helfe dir, das wegzumachen, und danach gehen wir was Nettes essen?«

»Aber kein Knuspermüsli.«

»Natürlich nicht, Papa. Wie wäre es mit Ravioli?«, lache ich.

»Sehr lustig, Sohn. Du solltest Komiker werden.«

ER SAGT, SIE SAGT

Basti, bring mir bitte noch eine Spülung aus dem Drogeriemarkt mit!

Haben wir davon nicht ungefähr noch fünfzig Stück, Nadja?

Wo?

Im Bad?

Dann zeig mal.

Ich gehe ins Bad und halte eine Flasche hoch.

Das ist Shampoo.

Nächste Flasche.

Das ist Haarbalsam … und das ist eine Haarkur … das ist Haarmilch … und das ist Haaröl. Wir haben keine Spülung mehr, siehst du?

Wir haben mehr Sachen für Haare als Essen im Kühlschrank!

Kennst du den Unterschied zwischen einem Bedürfnis und einem Bedarf, Basti?

Hä?

Ein Bedürfnis ist etwas, was man trotz Vorhandensein einer Alternative hat, und ein Bedarf ist ein Mangel an etwas ohne vorhandene Alternativen.

Was zum Teufel soll das bedeuten, Nadja?

Das bedeutet: KAUF SPÜLUNG!

(Handgemenge)

LUDGER III

Das Telefon klingelt, unbekannte Nummer. Entweder ist das jemand von der Marktforschung oder meine Cousine Cordula, die in ihrem anthroposophischen Haus ohne Ecken natürlich auch kein Handy oder DSL-Anschluss duldet.

»Hallo, Basti«, säuselt Cordula, deren Stimme am Telefon immer klingt wie ein dicker Hamster, den man in eine tibetische Klangschale gesetzt hat.

»Dürfte ich dich spontan um deine Hilfe bitten? Ich muss dringend aufs Amt.«

Beim Wort »Amt« muss ich unvermittelt an die Zentrale aus *Men in Black* denken, wo Gestalten aller Sonnensysteme auf die Einreise zur Erde warten. Vielleicht muss Cordula ihre Aufenthaltsgenehmigung verlängern?

Cordula wird nur zwei Stunden weg sein, aber sie könnte die Jungs nicht ohne Aufsicht lassen. Ich bin irritiert, was meint sie denn mit »Jungs«? Ich kenne ja nur Ludger. Sie sagt, Ludgers bester Freund ist auch da. Er heißt Gunnar!

Gunnar und Ludger, das klingt wie ein finnisches Tennisdoppel von 1988 oder wie eine Firma, die Hornhauthobel herstellt. Ich stehe somit eine halbe Stunde später in Cordulas Wohnung. Dort riecht es so stark nach Sandelholz, man könnte die Tapete zu Räucherstäbchen rollen.

»…!…«, begrüßt mich Ludger mit einem stoischen Nicken. Er sieht mal wieder aus, als hätte ihn jemand aus einem alten Cordsakko geknetet.

Neben ihm steht Gunnar. Wenn Ludger vom Planeten Nerdistan zur Erde gereist ist, dann ist Gunnar dessen ungekrönter Herrscher. Sein Gesicht ist eingerahmt von einem beigen Haarhelm, auf seiner Nase sitzt eine Helmut-Kohl-Gedächtnis-Brille, und um seinen dürren Leib schlackert eine Latzhose aus Cord. Der Junge ist im Grunde eine Cordhose mit Augen.

Und gerade als ich denke, der arme Junge könnte vom Schicksal nicht schlimmer geschlagen sein, fängt er an zu sprechen. Und er klingt, als hätte er 192 Zähne … und zwar alle im Oberkiefer.

»Ich bin Chunnar«, trötet er, als hätte man Paul Panzer auf Miniaturgröße zusammengepresst.

»Und, Gunnar? Bist du auch auf der Waldorfschule?«, stelle ich eine möglichst unverfängliche Frage, mit der ich versuche, meine Gesichtsmuskeln unter Kontrolle zu halten, denn auf meinem Kiefer ist mehr Spannung als in Lance Armstrongs Oberschenkel.

»Nee, ich bin *Peschtalotschi*«, antwortet Gunnar.

»Peschtalotschi?«, wiederhole ich und verliere dabei leider ein bisschen die Fassung und muss lachen. Der arme Junge ist ja noch mehr geschlagen als Ludger. Ein menschgewordenes Köttbullar mit Walrossfrisur.

»Und was ist dein Lieblingsessen, Gunnar? *Chmölzchöse*?«, sage ich und breche in schallendes Gelächter aus.

Irgendwie kommt der Gag nicht an, denn Gunnar schaut wie ein halb voller Busbahnhof. Ich klopfe ihm auf die Schulter und sage: »Nur verarscht, nur verascht.«

Ludger dreht sich zu ihm um und sagt ganz ruhig: »Ich habe dir doch gesagt, dass mein Onkel geistig behindert ist.«

Ich will den beiden eine Freude machen und fahre mit ihnen zu McDonald's. Ludger erinnert mich daran, dass er seit Neuestem Veganer ist. Ich frage die Frau an der Kasse, was sie für Veganer dahätten.

Sie antwortet: »Servietten.«

Ludger will überraschenderweise keine Servietten essen und bestellt nichts.

Gunnar dagegen sieht sich in dem Laden um, als hätte man ihn direkt vom Sternbild Andromeda auf die Erde gebeamt.

Dann endlich bestellt er: einen McFlurry mit Oreos und fünf *Apfltachän.* Ich wundere mich über die große Bestellung, aber ich will Gunnar nicht auch noch einschränken. Der Junge ist vom Schicksal genug geschlagen. Er isst die fünf *Apfltachän*, ohne auch nur einmal zu atmen. Gunnar besteht nun zu siebzig Prozent aus Cord und zu dreißig Prozent aus Apfel.

Dann steckt er sich einen Löffel Eis in den Mund, sagt »Lecker« und kippt rücklings vom Hocker.

»Laktoseintolerant«, sagt Ludger nüchtern.

Ich bin kurz vor einem Herzinfarkt, denn es fällt Cordula sicherlich auf, wenn ich nur ein Kind zurückbringe. Schwitzend klemme ich mir Gunnar unter den Arm und renne aus dem Laden, schnalle ihn auf den Rücksitz des Autos und gerade, als ich den Motor starte, um mit dem Kleinen zum Kinderarzt zu rasen, dreht mir Gunnar den Kopf zu, öffnet langsam seine Augen und sagt: »Nur verarscht!«

DAS SCHAMPONG

Mutter ist noch auf Kur. Was bedeutet, dass Vater nach wie vor für sich selbst sorgen muss und auf das blanke Menschsein zurückgeworfen ist.

Vater ist ohne Mutter in etwa so lebensfähig wie ein Kaktus im Spaßbad. Daher haben Nadja und ich ein bisschen Sorge, dass wir ihn beim nächsten Besuch nackt mit dem Speer in der Hand auf Rattenjagd im Nachbarsgarten vorfinden.

Zwei Tage haben wir nichts von ihm gehört. Ich rufe an. Das Telefon klingelt eine Ewigkeit, bevor mich das sonore Organ meines Erzeugers erlöst.

»Bielendorfer!«

»Na, Papa, wie geht's dir?«

»Sehr gut!«

»Das freut mich zu hören. Klappt denn alles?«
»Natürlich. Was soll denn nicht klappen?«

Ich denke an explodierende Mikrowellen und den inflationären Verzehr von Knuspermüsli, sage aber lieber nichts dazu.

»Na ja, so oft warst du ja nicht allein ohne Mama, über längere Zeit, meine ich.«
»Also bitte. Ich bin ja schon erwachsen, Bastian!«
»Ich weiß, Papa. Wir wollten nur, dass du weißt, dass wir da sind, falls du Hilfe brauchst.«
»Danke, Sohn. Kennst du zufällig einen Klempner?«
»Einen Klempner?«
»Spreche ich undeutlich? Deine Generation sagt ja auch Gas-Wasser-Scheiße zu diesem Gewerk, aber das finde ich unpassend.«
»Nein, ich kenne keinen Klempner. Warum fragst du?«
»Es gibt da ein winziges Problem mit der Waschmaschine.«
»Was ist denn passiert?«
»Die Bedienung so einer Waschmaschine ist ja wirklich wahnsinnig einfach ...«
»Das stimmt wohl, aber ...«
»Deine Mutter hat mir extra alle Schritte aufgeschrieben.«
»Ja. Und jetzt?«
»Ich habe a) die dreckige Wäsche in die Trommel gefüllt, b) den Waschgang gewählt und c) die Trom-

mel verschlossen«, liest er anscheinend von einem Zettel ab.

Wenn meine Mutter die Anleitung noch kleinteiliger verfasst hätte, wäre wahrscheinlich auch ihr Hund Maja damit klargekommen.

»Ja, und dann?«

»Nun habe ich d) das Waschmittel hinzugefügt. Hier gab es allerdings ein kleines Problem.«

»Was denn?«

»Das Waschmittel war alle.«

»Dann kauf doch neues?«

»Sohn, die Sachen mussten gewaschen werden, für Großeinkäufe hatte ich keine Zeit!«

»Papa, der Supermarkt ist zwei Gehminuten entfernt.«

»Lass mich ausreden. Aufgrund des Mangels an Waschmittel habe ich ein Substitut gewählt.«

»Wie bitte? Was?«

»Ein Substitut. Meine Güte, Sohn! Dein Wortschatz ist ja seichter als unser Gartenteich. Ein Substitut ist ein Ersatz!«

»Aha. Und was war dein Ersatz?«

»So weit sind wir doch nicht, Bastian.«

»PAPA! Was hast du in die Waschmaschine gefüllt?«

»Schampong.«

»Wie bitte?«

»S - C - H - A - M - P - O - N - G. Muss ich es buchstabieren?«

Man merkt, dass mein Vater von einer rheinischen Hausfrau erzogen wurde. Trotz seiner beeindruckenden Bildung sind ein paar Begriffe hängen geblieben. Er sagt nicht »Büfett«, sondern »Buuufätt«, und nicht Parfüm, sondern »Paarfümp«. Und eben Schampong statt Shampoo.

»Du hast da Shampoo reingekippt? Das war aber eine Scheißidee.«

»Toll, dass du das jetzt sagst, Sohn. Hinterher ist man ja immer schlauer.«

»Du hast mich ja vorher nicht gefragt. Was ist denn passiert?«

»Ich bin davon ausgegangen, dass Schampong und Waschmittel letztlich die gleiche Wirkung haben. Beides reinigt, beides löst Fette.«

»Aber nur eines von beiden schäumt.«

»Da wären wir bei dem Problem, Bastian. Kennst du jetzt einen Klempner oder nicht?«

»Was ist denn passiert?«

»Ich saß in meinem Arbeitszimmer im Erdgeschoss und las den *Spiegel* … übrigens, der Artikel über das Bildungssystem ist sehr interessant, den solltest du mal lesen!«

»Papa, das tut doch jetzt nichts zur Sache!«

»Dann kam der Hund vorbei. Du kennst ja Maja.«

»Hör mal, Papa, ist das hier eine Inhaltsangabe aus der fünften Klasse mit Personenvorstellung? Natürlich kenne ich Maja!«

»Gut, dann hätten wir das geklärt. Ich habe es erst gar nicht gemerkt, aber der Hund sah irgendwie anders aus. So glänzend.«

»Wie bitte?«

»Na ja, jedenfalls fiel mir dann auf, dass sie eine Haube auf dem Kopf hatte, eine Art Krone.«

»Hä?«

»Aus Schaum. Eine Schaumkrone. Lustig, oder? Gerade als ich feststellen wollte, wo der Hund das herhatte, hat sich das Mysterium von allein gelöst. Da kam der Schaum schon an meinem Zimmer vorbei.«

»AUS DEM KELLER? Wie viel hast du denn da reingekippt, Papa?«

»Na ja ... eine Flasche etwa. Auf dem Schampong steht ja auch nicht, wie viel man nehmen soll. Jedenfalls nicht für Kleidung.«

»Weil es für die Haare ist! Du hast eine komplette Flasche Shampoo in die Waschmaschine gekippt?«

»Na ja, die war ja nur noch drei viertel voll.«

»OH MEIN GOTT!«

»Ich war auch irritiert. Der Hund war allerdings fröhlich.«

»Das ist doch schön. Und bis wo ist der Schaum gekommen?«

»Na ja, bisher bis ins Wohnzimmer, denke, der Vorgarten wird noch erreicht werden.«

»Was heißt ›wird‹? Du hast die Waschmaschine noch nicht ausgemacht?«

»Glaubst du, das würde etwas ändern?«

»JAAA! Bist du wahnsinnig, Papa?«

»Ich hab mich noch nicht in den Keller getraut. Man sieht ja nichts vor lauter Schaum.«

»Ähm, Mama wird dich umbringen, das ist dir bewusst, oder?«

»Deshalb meine Frage: Kennst du einen Klempner?«

»Nein, du bräuchtest allerdings was ganz anderes.«

»Was denn?«

»Eine Zeitmaschine!«

»Aha … hast du da eine Nummer?«

Unglaublich, der Mann. Soll er doch seine erste Schaumparty für Pädagogen ausrichten. Er kann sich ja noch Norbert Gallenreiter und ein paar heiße Bikinigirls einladen und dann mitten im Schaum seine Reclamhefte vorlesen. Das würde dann schon fast als Konzeptkunst durchgehen.

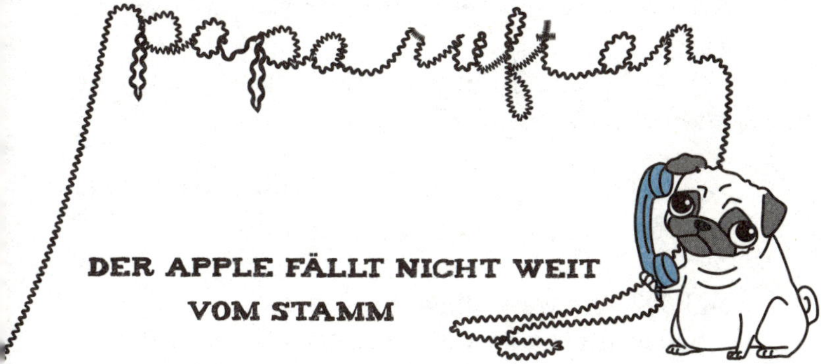

DER APPLE FÄLLT NICHT WEIT VOM STAMM

Sohn!«
»Vater!«

Langsam klingen die Gesprächsanfänge zwischen mir und meinem Vater wie das erste Ferngespräch von Luke Skywalker und Darth Vader.

»Deine Mutter ist ja derzeit auf Kur.«
»Ich weiß, Papa.«
»Und ich bin auf mich allein gestellt.«

Bei Vater klingt das so, als hätte man ihn nur in Unterhose und mit einem Klappmesser im Amazonas ausgesetzt.

»Ich weiß, Papa. Seitdem hast du die Bude geflutet, die Mikrowelle in die Luft gejagt und …«

»Ist ja gut, Sohn, das ist alles Vergangenheit.«

»Papa, das mit der Waschmaschine war gestern!«

»Du lebst zu sehr in der Vergangenheit, Sohn. Vor uns liegt die Zukunft!«

Okay, ich glaube, Papa hat heute Morgen den Kaffee nicht getrunken, sondern geschnupft.

»Ach ja? Und was soll das bedeuten?«

»Du weißt ja, dass deine Mutter bereits sehr erfolgreich ins Internetz gesurft ist.«

»Ja … ins Internetz gesurft, Papa, genau. Und jetzt?«

»Man kann sich ja nicht immer allem Neuen verschließen. Ich komme jetzt auch ins PC-Zeitalter!«

»Nur nichts überstürzen, Papa!«

Es klingt absurd, weil wir das Jahr 2017 schreiben, aber für meinen Vater ist »ins Internetz zu surfen« in etwa so ein Großprojekt wie die Besiedlung des Mars. Er hat die letzten siebenundsechzig Jahre seines Lebens wie ein Metzger auf seiner alten Olympia-Schreibmaschine rumgehackt, Generationen von Schülern mit handgeschriebenen Zetteln gefoltert und bei Wissensfragen seinen *Brockhaus* griffbereit gehalten wie ein Zeuge Jehovas die Werbebroschüre.

»Was heißt hier überstürzen? Du machst dich doch nicht wieder lustig über mich?«

»Nee, nee. Wie ist denn dein Plan?«

»Plan? Ich habe keinen Plan, ich setze direkt um!«

Das würde auch als Lebensmotto meines Vaters durchgehen.

»Und wo komme ich da ins Spiel?«

»Ich habe eine Frage, Sohn.«

»Wirklich nur eine?« Im Geist wette ich gerade mein gesamtes Barvermögen dagegen.

»Ja, ERST MAL nur eine!«

»Was machst du denn gerade?«

»Ich installiere den Heimcomputer.«

»Du selbst? Den Heimcomputer? Dann hoffe ich mal, du hast Windows 95 auf 5 1/4-Zoll-Disketten griffbereit.«

»Was? So ein Blödsinn. Ich habe das neueste Windows hier ... denke ich ... aber irgendwas stimmt da nicht!«

»Wo hast du denn überhaupt den Computer her?«

»Vom Gallenreiter.«

»Was? Mit dem sprichst du doch seit 1994 nicht mehr!«

»Blödsinn!«

»Hä?«

»Seit 1992. Außerdem haben wir Waffenstillstand vereinbart. Das war ja eh nie so ernst mit unserer Feindschaft.«

»Papa, der hat versucht, dich mit einem Jeep zu überfahren.«

»Ach, diese neumodischen Servolenkungen sind nur zickig. Das war sicher ein Versehen.«

»Okay. Und was für einen PC hast du jetzt?«

»Einen grauen.«

»Ich meine doch, was für einen Prozessor? Grafikkarte? Wie viel RAM?«

»Ganz viel … bestimmt fünf oder so?«

»Fünf was? Prozessoren? RAM?«

»Beides!«

»Papa, das ist Blödsinn! Man hat nur einen Prozessor, und RAM wird in Gigabyte gemessen. Du hast keine Ahnung, was du da redest, oder?«

»Okay, Sohn. Ist ja gut. Darum geht es doch jetzt nicht. Der PC ist schon gut, so wie er ist.«

»Welches Betriebssystem hat er denn drauf?«

»Da sind wir an des Pudels Kern! Gar keins!«

»Hä?«

»Meine Güte, des Pudels Kern ist aus *Faust*. Dir muss man auch alles erklären!«

»Ich meine doch, warum da kein Betriebssystem drauf ist.«

Ich glaube immer noch, dass der Gallenreiter meinem Vater mit Absicht einen Schrottcomputer ohne Betriebssystem verhökert hat und ihm jetzt dabei zusieht, wie er langsam verrückt wird bei dem Versuch, Windows selbst aufzusetzen.

»Er hat da alles gelöscht. Wegen seiner privaten Daten.«

»Aha, dann musst du das Betriebssystem jetzt selbst aufsetzen?«

Dagegen wird der Bau der Pyramiden ein Kinderspiel gewesen sein.

»Setzen? Worauf denn?«

»Auf den Kopf, Papa! Du trägst Windows in Zukunft als Hut. Und immer wenn eine hübsche Frau vorbeikommt, verbeugst du dich und ziehst dein Windows!«

»Hör mal, verarschst du mich?«

»Du musst das Betriebssystem installieren. Auf dem PC!«

»Da bin ich ja gerade dabei. Du musst hier ja nicht ausfallend werden. Ich will ja nur deine Mutter überraschen, dass ich auch endlich mal was am Computer kann.«

Oje, das ist ja wirklich mal süß. Irgendwie können meine Eltern in ihrer technischen Hilflosigkeit richtig niedlich sein. Für meinen Vater, der selbst einen Taschenrechner für ein modernes Stück Zukunftstechnik hält, ist das schon ein großer Liebesbeweis. Meine Mama ist am PC mittlerweile ja wirklich recht fit, ob die verbleibende Brenndauer der Sonne aber noch ausreicht, um meinen Vater weg von der Olympia-Schreibmaschine hin zum Internetz zu führen, darf zu Recht bezweifelt werden.

»Das ist wirklich putzig, Papa. Aber wie soll ich dir denn jetzt helfen?«

»Vielleicht ist meine Frage ja auch blöd …«

»Ganz bestimmt nicht, Papa. Wer nicht fragt, bleibt dumm.«

»Also, wir haben ja das Jahr 2017.«
»Ja, das ist richtig.«

Manchmal klingen die Gespräche mit meinem Vater wie ein Demenztest … aber für mich!

»Und ich habe Windows 8 hier.«
»Ja, das sagtest du bereits.«
»Muss ich das dann zweimal installieren, weil ich will ja aktuelles Windows haben. Muss ich das dann zweimal da draufmachen?«

Langsam verstehe ich die Frage meines Vaters, und ich kann mir ein Grinsen nicht verkneifen. In der Vorstellung meines Vaters funktioniert Computertechnik additiv: zweimal Windows 8 ergibt Windows 16, so, wie zwei 100-PS-Motoren 200 PS ergeben. Auf so was Absurdes muss man erst mal kommen. Ich versuche ernsthaft zu antworten, aber es kommt nur eine Mischung aus Walrossnießen und Satzbau heraus.

»Du willst Windows 16 … hrrrrr … aber Papa … höhöhö … das geht doch nicht … oh Mann, ich kann nicht mehr … hihihi …«
»Lachst du mich etwa aus?«
»Nicht doch …«
»Du hast doch gesagt, es gibt keine doofen Fragen.«
»Da hatte ich die ja noch nicht gehört!«
»Na super. Da will man einmal Hilfe.«
»Papa, ich hab letzte Woche noch die Raviolireste von der Küchendecke gekratzt!«

»Kannst du mir jetzt eine richtige Antwort geben, oder muss ich Nadja anrufen?«

»Warum das denn?«

»Die hat sicher noch nicht die Geschichte von deinem ersten Damenbesuch gehört.«

»DAS würdest du nicht tun.«

Vater spielt auf den Besuch meiner ersten Freundin Jana im Alter von sechzehn an. Meine Mutter hatte gekocht, und ich saß stolz wie Oskar mit meiner Angebeteten beim Abendessen. Allerdings war ich so aufgeregt, dass ich dasselbige vor den Augen meiner geschockten Eltern und meiner pikierten Jugendliebe erbrach, direkt auf unsere damalige Dogge Adenauer, die neben mir am Tisch Platz genommen hatte. Der Hund lief dann durchs Haus und schüttelte sich. Auf die neuen Vorhänge, Omas altes Ölgemälde und auf … Jana. Es blieb dann bei dem einen Besuch. Unfassbar peinlich. War ja klar, dass Vater dieses Kryptonit noch aus dem Köcher holen würde.

»Ich habe sogar noch Fotos von dem armen Hund. Adenauer war danach nie wieder derselbe.«

»Gut, Papa. Ich versuche, dir zu helfen.«

»Danke, Sohn. Also, was ist jetzt mit dem Windows?«

»Gut, Papa. Windows 8 ist das aktuelle Betriebssystem, es gibt noch Windows 10, aber 8 reicht für euch völlig aus. Und es ist nicht so, dass man Betriebssysteme addieren kann.«

»Aha!«

»Es reicht also völlig, wenn du das nur einmal installierst.«

»Da wären wir bei der zweiten Frage.«

»Ich war doch noch gar nicht fertig!«

»Wo installiere ich das denn?«

»Ähm ... beim DVD-Laufwerk?«

»Und wie macht man das auf?«

»Mein Gott, an der Kopfseite vom Tower ist so ein kleiner Knopf, da musst du drücken!«

»Welcher Tower?«

»Der Tower of London, Papa. DER PC-TOWER! Das Gehäuse!«

»Ach so. Aber das ist kein Tower ... das ist so flach.«

»Hä? Hast du einen Laptop gekauft?«

»Genau! Einen Schlepptopp!«

Vater kichert. Humor für siebenundsechzigjährige Computerneulinge.

»Warum sagst du das denn nicht gleich?«

»Hab ich doch!«

»Hast du nicht! Hat der Laptop denn ein DVD-Laufwerk?«

»Warum fragst du mich das? Du bist doch der Computerfachmann!«

Langsam läuft das Gespräch aus dem Ruder.

»Papa! Du sitzt aber doch vor dem Ding. Da kann man doch mal gucken, ob der Laptop ein DVD-Laufwerk hat. Beschreib mir doch bitte mal das, was du siehst.«

»Also, da ist ein Tisch, die Lampe, der Lap …«

»AN DEINEM LAPTOP! Nicht das, was du im Zimmer siehst!«

»Du machst mich hier ganz nervös. Jetzt weiß ich, was deine Mutter meint, wenn sie sagt, dass du immer so ungeduldig bist!«

»Also, Papa, sag jetzt einfach, was du an dem Laptop sehen kannst!«

Ich bin langsam vom Reden zum Schreien übergegangen. Otto hat sich bereits unter den Sofasessel verzogen, während Nadja in der Tür meines Arbeitszimmers steht und ungläubig den Kopf schüttelt.

»Also, da sind an den Seiten so Knöpfchen dran. Und dann sind da so Löcher. Und hinten so ein Apfel.«

»EIN APFEL? Papa, was für ein Laptop ist das?«

»Ein grauer!«

»Hast du einen Laptop von Apple gekauft?«

»Mmh, kann sein. Hinten ist jedenfalls ein Apfel drauf.«

»Und der Gallenreiter hat dir Windows 8 dazugegeben?«

»Doch nicht der Gallenreiter. Der junge Mann bei Saturn. Ich hab dem gesagt, dass ich jetzt den Computer lerne.«

»Papa! Man kann kein Windows-Betriebssystem auf einem Apple-Computer installieren!«

»Warum sagst du das denn nicht gleich?«

»Du hast mir doch nicht … ach, vergiss es!«

»Du behandelst mich ja, als wäre ich doof!«

»Also, bei manchen Sachen könnte man das denken, Papa.«

»Frechheit! Ich zitiere immerhin Goethe, und du?«

»Ich?«

»Du zitierst die *Sesamstraße! Wer nicht fragt, bleibt dumm*. Was sagt das über uns aus?«

»Gar nichts, Papa. Hör zu, ich komme und helfe dir, das kriegst du so nicht hin.«

»Ach, das ist aber nett. Ich kann uns ja was zu essen warm machen.«

»PAPA! Fass die Mikrowelle nicht an! BITTE!«

»Ist ja gut. Soll ich Kuchen holen?«

»Das wäre doch mal was.«

»Dann hole ich Apfelkuchen. Lustig, oder?«

»Ja, sehr lustig, Papa.«

ER SAGT, SIE SAGT

Boa, guck mal, Nadja, wie krass das aussieht: The Witcher 3 ist der Hammer! Da verhalten sich sogar die Blätter an den Bäumen physikalisch korrekt!

Meine Frau schaut gelangweilt auf den Bildschirm.

Willst du ein Glas Wasser?

Ja.

Guck mal, Basti, das Wasser!

Ja? Was ist damit?

Es verhält sich physikalisch korrekt! Guck mal, wie das hin- und herschwappt! Toll, oder?

(Handgemenge)

PAPA, DER KOSMOPOLIT

Das Telefon ist seltsam still. Seit drei Tagen kein Anruf. Vielleicht hat mein Vater ja nicht nur Windows 8 installiert, sondern gleich die gesamte Telekommunikation Gelsenkirchens zum Erliegen gebracht.

Als ich anrufe, kann ich das aber schon mal ausschließen, jedenfalls klingt das Tuten völlig normal.

»Ja, Sohn?«

»Richtig, ich bin's. Geht's euch gut? Ich hab gar nichts von euch gehört.«

»Ich koche gerade.«

»WIE BITTE? Du kochst?«

»Ja, was ist daran so seltsam?«

Auch wenn mein Vater so tut, als würde ihn meine Verwunderung überraschen, weiß er so gut wie ich, dass er seit meiner Geburt genau ein Mal gekocht hat, nämlich als meine Mutter 1994 mal mit Magen-Darm-Grippe flachlag.

Sein Kartoffelbrei-Kochversuch hat geholfen, sie schnell wieder auf die Beine zu bringen. Vielleicht war es aber auch ihre berechtigte Angst, eine komplett neue Küchenzeile bestellen zu müssen, die sie aus dem Krankenbett katapultiert hat. Kein Mensch hat es je geschafft, mit fünf Kartoffeln, Milch, Butter und einem Herd eine Kernschmelze zu verursachen. Kein Mensch, außer meinem Vater. Und sein jüngster Versuch, die Mikrowelle zu benutzen, war ja auch nicht gerade ein Erfolg. Höchstens für Saturn, wo eine neue gekauft werden musste, bevor Mutter wiederkam.

»Na ja, du hast mal beim Versuch, Kartoffelbrei zu kochen, fast unser Haus in die Luft gejagt.«

»Das war eine Ausnahme, Sohn.«

»Und mit einer Dose Ravioli die Mikrowelle in Brand gesetzt.«

»Heute sind wir aber wieder kleinlich. Auch ich kann nicht alles!«

Was für eine bescheidene Erkenntnis, denke ich und wische seine Bemerkung einfach beiseite.

»Und warum kochst du?«

»Für meine Schüler!«

»Papa ... du bist in Rente. Ich kann verstehen, dass du immer noch an der Schule hängst.« (Okay, das ist gelogen.)

»Ich unterrichte Flüchtlinge, Bastian.«

»Ernsthaft? Das finde ich aber gut.«

»Ich mache es nicht, damit du es gut findest, sondern weil es richtig ist.«

»Heute sind wir aber wieder kleinlich, oder?«

»Jetzt klaust du schon meine Sätze, Sohn.«

»Wie kamst du denn dazu, dich um die Geflüchteten zu kümmern?«

»Pizza ausfahren war dann doch nicht das Richtige für mich.«

»DU hast Pizza ausgefahren?«

»Sohn, du kannst dir das bei deinem wilden Rockstarleben (Mutter lacht laut im Hintergrund) vielleicht nicht vorstellen, aber Menschen brauchen eine Aufgabe.«

»Aber Pizza ausliefern? Papa …«

Ich stelle mir vor, wie ich mir eine Pizza bestelle und plötzlich mein Vater mit einer gelben Kappe und zwei Pappschachteln vor der Tür steht.

»Wie lange hast du das denn gemacht?«

»Fünfundvierzig Minuten.«

»Wow. Das war ja mal eine Schicht«, sage ich und lache.

»Ich konnte das nicht, Sohn. Allerdings habe ich damit immerhin deinen Rekord bei Tengelmann überboten, das waren, glaube ich, nur zwei Stunden und siebenunddreißig Minuten, bis sie dich rausgeschmissen haben. Ich müsste die Abrechnung noch irgendwo hier haben, da können wir nachschauen.«

»Danke. Besser nicht.«

Zwei Stunden und siebenunddreißig Minuten. 14,22 Euro. Das war die Bilanz meines ersten Einsatzes als Mitarbeiter in unserer örtlichen Edeka-Filiale. Ich hatte es noch nicht mal auf einen Vormittag Arbeitszeit gebracht. Dann war ich von Frau Patzig, einer kleinen Frau mit Hitlerdamenbart und zusammengewachsenen Augenbrauen, in ihr Büro gerufen worden, das sich zwischen Fleischtheke und Pfandautomat befand. Ich hatte einer alten Dame davon abgeraten, einen Fünf-Kilo-Karton Persil zu kaufen, weil ich gesehen hatte, dass es in der kommenden Woche im Angebot war. Das war Vergehen Nummer eins, dessen mich Big Sister Patzig durch ihr allsehendes Auge an der Supermarktdecke überführen konnte. Als dann auch noch meine Mutter anrief, um mich zu fragen, wie mein Ferienjob so läuft, und ich das Gespräch in aller Seelenruhe hinter dem Gewürzgurkenregal entgegennahm, war das Maß voll und meine kurze Karriere im stationären Einzelhandel beendet.

»Wenn du meinst, hier frech werden zu müssen, kann ich mal wieder im Fotoalbum nach Bildern von dir suchen, die deine Fans nur zu gerne auf Facebook sehen würden.«

Gegen die Erpressungsdatenbank meines Vaters wirkt die Bibliothek von Alexandria wie eine Stadtbücherei in Hückeswagen.

»Ist ja gut. Warum hat das mit der Pizza denn nicht geklappt?«

»Ich fahre doch nicht mehr so gern im Dunkeln. Du weißt doch, meine Augen …«

»Was hast du denn erwartet, die Frühstückspizza hat sich als Fastfood-Modell halt noch nicht durchgesetzt, Papa.«

»Danke Sohn, ich weiß, du Blitzmerker. Ich hab das erste Haus halt nicht gefunden.«

»Das erste? War das Navi kaputt oder wie?«

»Navi? So einen neumodischen Blödsinn brauche ich nicht, Sohn.«

»Na ja, offensichtlich schon, oder?«

»Jetzt ist aber mal gut. Die Pizza war jedenfalls kalt und mein Job Geschichte, zufrieden?«

Papa und seine Navigationskünste. Bei unserem ersten Urlaub in der ehemaligen DDR konnten wir froh sein, dass er sich nach unserer Fahrt durch den Todesstreifen irgendwann doch dazu bereit erklärt hat, eine Karte zu lesen. Vorher hatte er sich komplett auf seinen Orientierungssinn verlassen, als wäre er eine Graugans auf dem Weg nach Afrika.

»Okay … und du unterrichtest jetzt Flüchtlinge?«

»Sohn, du scheinst mir heute nicht ganz folgen zu können, das habe ich bereits gesagt!«

»Und was kochst du gerade?«

»Frikadellen.«

»Hui, das ist ja schon gehobener Schwierigkeitsgrad. Im Verhältnis zu Kartoffelbrei.«

»Hallo? Was glaubst du, wovon ich mich ernährt habe, bevor deine Mutter und du in mein Leben getreten seid?«

»Mmh … Raufasertapete und Reclamhefte?«

»Du bist mir entschieden zu frech heute, ich hab für so was keine Zeit!«

»Ist ja gut … und was soll das Ganze?«

»Es geht um den Austausch. Die Al Sayeds kochen etwas typisch Syrisches und ich etwas typisch Deutsches.«

»Die Al Sayeds?«

»Mein bester Schüler Faris und seine Frau. Deine Mutter und ich haben sie heute Abend zu uns zum Essen eingeladen.«

»Und du willst dann syrisches Essen essen?«

»Ja, warum nicht?«

»Papa, du schneidest Spaghetti mit der Schere, bevor du sie isst, und als wir vor fünfzehn Jahren mal beim Chinesen essen waren, hast du versucht, ein Schnitzel zu bestellen!«

»Bastian, ich bin ein Weltbürger.«

»Ja, mit einer sehr engen Speisekarte. Und was behandelst du mit deinen Schülern für Themen?«

»Das Gleiche, was du auch gebrauchen könntest: Konjugation, Vokabeln, Lückentexte.«

»Danke, Papa, es geht mir gleich besser, wenn ich meine tägliche Dosis Kritik bekommen habe. Und was hast du da so für Leute in deinem Kurs?«

»Was ist denn das für eine törichte Frage? So etwas lässt sich ja wohl nicht pauschal beantworten. Jeder ist ein Individuum, jeder hat seine eigene Geschichte. Viele von den Leuten haben ganz schreckliche Sachen gesehen. Ist doch selbstverständlich, dass wir da helfen müssen.«

»Da denken leider viele anders.«

»Wir leben alle unter dem gleichen Himmel, aber wir haben nicht alle den gleichen Horizont. Wer hat das gesagt?«

»Du?«

»Adenauer! Meine Güte! Und ich meine nicht den Hund. Faris hätte das gewusst.«

»So gut wird sein Deutsch ja wohl noch nicht sein.«

»Hast du eine Ahnung. Mit meinem Fortgeschrittenenkurs lese ich jetzt Kafka!«

»Kafka? Nicht gerade leichte Kost.«

»Na ja, ich war ja froh, dass Faris' Frau Selma ihre Pläne mit dem Kirchenchor erst mal auf Eis gelegt hat.«

»Kirchenchor? Sind die Al Sayeds denn Christen?«

»Nein, aber sie dachten, dass wir Deutschen das bestimmt toll finden, wenn sie sich in unsere Bräuche integrieren.«

Ich sehe schon eine junge Frau mit Kopftuch, umringt von ein paar Omas, »Daaankeee für dieeesen schööönen Morgeeen!« jodeln. So was schaffen auch nur meine Eltern.

»Mit Kopftuch, Halal und allem Drum und Dran?«

»Hmm, zum Glück konnte deine Mutter noch die Nottaufe durch den Pfarrerscousin vom Gallenreiter unterbinden.«

»Und jetzt singt sie dort?«

»Nee, wir haben gedacht, wir gestalten die Integration mal etwas fröhlicher. Deine Mutter bringt ihr jetzt Karnevalslieder bei. Die sind ja wie Kirchenlieder, nur für Betrunkene, und die haben so einen schönen Refrain. Wir übersetzen ihr aber nicht alles. Muss ja nicht sein, dass sie gleich noch einen Kulturschock bekommt. Hauptsache, sie hat Spaß dabei und ist motiviert. Man erreicht schließlich nur die Ziele, die man sich auch steckt. Wer hat das gesagt, Sohn?«

»Keine Ahnung … die Bläck Fööss?«

»ICH natürlich. Dein Vater. Meine Güte, du bist auch manchmal ein Schiffschaukelbremser, Sohn.«

»Danke, Papa. Alaaf und viel Spaß beim Kochen!«

LUDGER IV

Torben ist am Telefon. Das ist seltsam. Normalerweise habe ich immer Cordula am Hörer. Ich hätte nicht gedacht, dass er so weltlichen Popanz wie Telefone benutzt. Bisher war ich davon ausgegangen, dass er, wenn er mir etwas mitteilen möchte, einfach sehr intensiv an mich denkt.

Ludger will Nadja und mich zu seinem dreizehnten Geburtstag einladen. Bisher dachte ich, Ludger wäre nicht geboren, sondern geschlüpft. Ich versuche, eine Ausrede zu erfinden, als Nadja mir den Hörer entwendet und »Wir kommen gerne!« ins Telefon brüllt.

Game over.

Wir gehen in einen Laden für Kinderspielzeug. Ich kaufe Ludger ein Laserschwert, bei dem ich als Kind vor Begeisterung einen epileptischen Anfall bekommen hätte. Wir spielten *Star-Wars*-Szenen damals immer mit Stöcken nach, an denen mit viel Glück kein Hundekot dran war.

»Willkommen. Wie schön, dass ihr da seid«, begrüßt uns Ludger mit versteinerter Miene, als wir am folgenden Samstag zur Feier erscheinen.

Offensichtlich hat er sich hübsch gemacht. Ob für seine Gäste oder für den Großwildjäger, kann ich nicht genau sagen, denn seine Oberbekleidung sieht aus, als hätte er ein Alpaka ausgehöhlt und es sich anschließend übergestreift.

Ich ziehe meine Behauptung zurück, der Junge sei geschlüpft – er wurde gestrickt!

Cordula steht neben ihm, sie hat ihren schönsten Lippenstift, Farbton Raupenrosette, aufgelegt und wirkt aufgekratzt wie ein altes Rubellos.

»Ach, wie SCHÖÖÖÖN«, trötet sie. Ihre Begeisterung schallt mit hundertzwanzig Dezibel durch den Hausflur, und ich bin kurz davor, mir Tempos in die Ohren zu stopfen. Hätten Cordula und Torben ihrem Sohn auch nur ein Prozent ihrer Begeisterungsfähigkeit vererbt, hätte Ludger wahrscheinlich nicht den Ruhepuls eines Sacks Estrich.

Wir kommen ins Wohnzimmer, das aussieht wie das Klo vom Dalai Lama. Keine Möbel, nur Teppiche und Sitzkissen. Kaum von den Sitzkissen zu unterscheiden sind zwei Hippies mit langen Haaren, die auf einem der gehäkelten Knödel hocken. Es sind Gunnars Eltern. Sie heißen Wolfram und Agathe und sehen auch so aus. Wolfram wirkt, als hätte der

Yeti sich entschlossen, Grundschullehrer zu werden, Agathe trägt die alte Toga von Ben Hur, und an ihrer Stirn klebt ein gelber Stein. Ich denke zuerst, sie hat sich ein »nimm2« an die Birne gepappt, erfahre dann aber von ihr, dass es sich um einen Kraftstein handelt.

Ich frage mich, ob man sie wohl leiser stellen kann, wenn man am Kraftstein dreht, wie beim Radio.

Ich gebe Ludger unser Geschenk. Er packt das Laserschwert aus und guckt wie ein Pinguin in der Sauna.

»Was ist das?«

»Das ist ein Laserschwert.«

»???«

»AUS *STAR WARS*!!!«, schiebe ich hinterher. Ich bin kurz davor, Ludger das Schwert zu entreißen und PfftPfft-Laute machend durchs Wohnzimmer zu fechten.

»Die Idee des Laserschwerts ist physikalisch nicht korrekt«, sagt Ludger und schaut wie ein Käseigel.

Selbst Nadja hat in diesem Moment ein bisschen Mitleid mit mir. Nächstes Mal bekommt er ein Stück Holz, beschließe ich. Dann kann er sich selber was schnitzen, das ist dann sicher auch physikalisch korrekt.

»Gunnar kennst du ja schon, Basti«, sagt Cordula und schiebt die Cordhose mit Augen ins Zimmer. Er ist wirklich die perfekte Mischung aus Wolfram und Agathe. Allerdings ohne Kraftstein auf der Stirn. Vielleicht wächst der erst in der Pubertät?

»Gunnar, schau mal, Ludger hat jetzt ein Laserschwert!«, versuche ich es noch mal.

Ich haue Gunnar damit sanft auf die Schulter, woraufhin er direkt anfängt zu heulen.

»Das war doch nur Spaß! Das war ganz sanft«, sage ich, während Gunnar sich in einen beigen Klumpen aus Rotz und Tränen verwandelt.

»Gunnar ist Bluter!«, sagt Agathe und verschwindet mit dem heulenden Kind im Bad, während mich Nadja, Torben, Cordula und Wolfram anschauen, als hätte ich gerade allein den Dritten Weltkrieg angezettelt. Mit einem Laserschwert.

Als Gunnar wieder in den Urzustand versetzt ist, kommt der nächste Höhepunkt der Party: Topfschlagen.

Cordula legt einen Topf ins Wohnzimmer. Ludger geht schnurstracks auf ihn zu und hebt ihn hoch.

»Haben sich die Spielregeln fürs Topfschlagen seit unserer Kindheit denn so verändert?«, will Nadja wissen.

Cordula meint, das würde Kinder nur frustrieren, so wäre es doch viel schöner.

Noch besser für die Entfaltungskraft ist dann aber, dass unter dem Topf kein Snickers liegt, sondern ein Zettel, auf dem steht: »Du bist superduper!«

Ludger scheint sich zu freuen. Über einen Zettel. Ich hätte als Kind die Familie erschlagen. Mit meinem nicht vorhandenen Laserschwert.

Wir essen Brownies, die Ludger selbst gebacken

hat. Hoffentlich physikalisch korrekt, denke ich. Diese Kackbratze. Die Brownies sind wirklich gut. Nadja isst gleich drei Stück, ich nur einen halben. Von Räucherstäbchengeruch vergeht mir der Appetit. Cordula schlägt vor, wir könnten ja einen Joint zusammen rauchen. Das habe ich zwar seit Jahren nicht mehr gemacht, aber man will ja auch kein Spielverderber sein.

»Nanu? Torben, wo ist denn das Haschisch?«, sagt Cordula verwundert und hält eine leere goldene Dose in der Hand.

Ludger steht in der Tür und fragt: »Ist das kein Lebkuchengewürz?«

»Oh, Scheiße«, sagt Cordula. »Wir haben gerade fünf Gramm Pot gegessen.«

Ich finde das nicht so lustig, Nadja schon. Sie hatte ja auch drei Brownies und fängt nun ausdauernd an zu kichern, wie ein Duracellhase mit einer Autobatterie im Hintern.

Wolfram ist ebenfalls ganz schön breit und fordert uns zum Tanz auf. Jetzt tanzt meine Frau wild lachend mit dem Yeti Klammerblues, während Ludger etwas auf der Geige spielt, das klingt, als würde das Kammerorchester mit dem Flugzeug abstürzen.

Ich glaube, Agathe macht mir schöne Augen. Wenn jetzt gleich Wolfram laut »Wir sind Swinger!« brüllt, stürze ich mich aus dem Fenster. Mein Tod wäre dann sicher schnell und tragisch, und vor allem eines: physikalisch korrekt.

Mein schlimmstes Urlaubserlebnis: Der Zelturlaub

Vater schlägt vor, gemeinsam in den Urlaub zu fahren. Entweder ins Disneyland Paris oder zum Zelten ins Sauerland. „Wir entscheiden das demokratisch", sagt er. Ich entscheide mich sofort für Disneyland.

Vater teilt mir mit, dass ich das Votum leider verloren habe. Ich hätte wegen meines Alters leider nur eine halbe Stimme. Er hingegen acht. Außerdem gibt es gerade ein Zelt bei Aldi im Angebot.

Ich heule.

Vater sagt, Zelten sei toll, wie damals, als er beim Bund war. Papa lächelt. Das erste Mal seit 1987.

Ich heule weiter.

Vater sagt, das Sauerland wäre wirklich nicht schlimm. Aber wenn ich keine Ruhe gäbe, wäre auch Brandenburg möglich. Ich weiß nicht, wo das ist, und heule pro forma.

Ich packe meinen Koffer und nehme alles Wichtige mit: vier Lustige Taschenbücher und einen Gameboy. Vater packt eine Kühlbox. Papa und ich fahren los.

Kurz hinter Unna bemerke ich, dass die Batterien vom Gameboy leer sind. Ich heule wieder. Vater droht erneut mit Brandenburg. Ich frage, ob die in Brandenburg Batterien haben. Er ist sich da nicht so sicher.

Stau. Wir halten an der ersten Raststätte, weil ich mal muss. Vater stellt fest, dass Klo an der Raststätte fünfzig Pfennig kostet. Er bewertet dies als zügellose Verwirklichung eines antisozialen Turbokapitalismus, vor dem John Maynard Keynes bereits vor langer Zeit gemahnt habe. Die Klofrau scheint Papas Vortrag nicht folgen zu können und schaut uns an wie Aliens. Sie antwortet nur: „Kacken eine Mark!"

Vater meint, ich könne auch draußen pinkeln. Ich merke an, dass ich die Mark wohl brauchen werde. Vater sagt, die Fahrt dauere noch maximal eine Stunde. Da müsse man auch mal an die Gemeinschaft denken und aushalten können. Als er Kind war, gingen sie nur ein Mal im Monat aufs Klo, im Winter gar nicht.

Wir schauen in die Kühlbox. Es gibt Trockenpflaumen, eine Packung Müsliriegel und zwei Dosen Ravioli. Meine Frage, warum wir dafür eine Kühlbox bräuchten, überhört Vater.

Wieder Stau, Vollsperrung. Vor uns beginnt eine Familie, auf der Autobahn Federball zu spielen. Wir haben nur Boule dabei. Ich werfe die rote Kugel, und sie rollt auf die andere Seite der Autobahn. Vater postuliert, dass die Runde an ihn ginge.

Wir kommen an.

Ich stelle fest, dass wir weit ab vom Schuss sind. Vater sagt, das stimme nicht, New York sei nur eine Tagesreise entfernt. Zwar mit dem Flugzeug, aber immerhin.

Der Platzwart sagt: „Der Campingplatz ist leider überfüllt, es gibt aber bei den Mülltonnen oder am Partyzelt noch Einzelzeltplätze." Vater entscheidet sich für die Mülltonnen, da ist es wenigstens ruhig.

Unser Zeltplatz befindet sich an Restmüllcontainer 7a. Vater sagt, das sei ja wie eine eigene Hausnummer, so würden wir uns wenigstens nicht verlaufen.

Neben uns zeltet eine holländische Familie. Der Vater ist so behaart, dass sich Minipli und Schurrbart fast berühren. Er hat ein zu kurzes neonfarbenes Tanktop an und winkt uns mit einer Dose Bier in der Hand zu. Wir bauen das Zelt auf. Vater sagt, eine Anleitung ist nur was für Leute, die kein handwerkliches Grundverständnis mitbringen, der Aufbau eines Zelts wäre reine Logiksache, daher lesen wir sie nicht.

Vier Stunden später. Die Holländer lachen. Wir nehmen die Anleitung.

Unser Zelt sieht aus wie der künstliche Darmausgang von Tante Martha. Vater sagt, die Anleitung wäre mangelhaft. Früher hätte es so etwas nicht gegeben. Jetzt müssen wir nur noch die Doppelluftmatratze aufblasen. Zum Glück haben wir eine Pumpe dabei.

Wir haben offensichtlich keine Pumpe dabei. In der Verpackung sind nur ein luftleerer Volleyball und ein Hundespielzeug, das nach alten Füßen riecht. Vater sagt, die Luftmatratze könne man auch selbst aufblasen, so eine Pumpe sei nur Luxus, so was hätten sie früher auch nicht gehabt.

Ich glaube, Vaters Kopf platzt. Er bläst seit drei Minuten ohne Einzuatmen in das Ventil der Luftmatratze. Es ist von außen gesehen nicht ganz klar, wer hier gerade wen aufbläst.

Die Luftmatratze ist kaputt. Sie liegt schlaff wie ein Thrombosestrumpf da. Vater meint, wir sollten sie zumindest als Regenschutz unter die Schlafsäcke legen. Regen wäre aber eigentlich ausgeschlossen, sagt der Wetterbericht. Es regnet nicht. ES HAGELT. Vater sagt, das wäre nichts, so kleine Hagelkörner. Früher, als er bei den Panzergrenadieren war, habe es Straußeneier gehagelt.

Wir gehen zu Bett. Vater schnarcht wie ein kanadischer Holzfäller mit Asthma. Wenigstens hört man den Hagel jetzt nicht mehr.

Die Holländer von nebenan treten gegen unser Zelt, die hören wohl lieber den Hagel.

Am Campingzentrum ist Kinderdisco, ich kann nicht einschlafen.

Vater sagt, die doofe Kinderdisco könne uns gestohlen bleiben. Wir hätten ja uns. Er schlägt vor, stattdessen Boule zu spielen. Im Dunkeln.

Jetzt sind alle Boule-Kugeln weg. Nun bleibt uns nur noch zu schlafen, damit die Zeit vergeht.

Es hagelt nicht mehr. Leider. Deshalb höre ich Vaters Schnarchen umso deutlicher.

Der nächste Morgen. Wir haben nichts mehr zu essen. Die Kühlbox ist weg. Vater sagt, das waren sicher die Holländer. Ich stimme zu, Trockenpflaumen und Ravioli, wer kann da widerstehen?

Wir fahren zum Supermarkt.

Vater hat zwölf Mark dabei. Das muss reichen, sagt er. Vater sucht die Konservendosen nach Beulen ab, weil man die billiger bekommt. Als er keine findet, tritt er gegen eine Dose Ravioli. Jetzt hat Vater eine Beule. Am Fuß.

Ich nehme eine Flasche Kindersekt aus einer Verkaufspyramide. Von unten. Hundert Flaschen kommen hinterher und zerplatzen auf dem Boden wie bei einer Schiffstaufe. Nur ohne Schiff.

Der Supermarktleiter sagt, wir müssten das bezahlen.

Vater nickt verständnisvoll, wirft die zwölf Mark auf den Boden und rennt mit mir unter dem Arm aus dem Laden.

Vater lässt den Motor unseres Autos aufheulen und sagt, wir sollten uns beeilen, bevor die im Laden die zwölf Mark gezählt haben. Er fährt mit quietschenden Reifen rückwärts aus der Parklücke. Gegen eine Laterne.

Wir fahren wieder zum Campingplatz. Zwar ohne Essen, dafür aber mit zwei Beulen: eine im Fuß, eine im Auto.

Vater erklärt den Urlaub für gescheitert. Ich stimme zu. Wir fahren nach Hause.

Mutter fragt, wie der Campingurlaub war.

Wir sagen: „Wechselhaft."

Die Polizei steht vor der Tür. Unser Kennzeichen lag noch vorm Supermarkt.

Sie nehmen Vater mit. Das Letzte, was er sagt, bevor er mit der Polizei mitgeht, ist: „Nächstes Mal geht's nach Brandenburg!"

LUDGER V

Ludger ist zu Besuch. Er schaut schon wieder wie ein Packen Esspapier.

Aber schließlich bin ich der Erwachsene, also gebe ich mir heute ganz besondere Mühe.

»Na, was sollen wir heute zusammen unternehmen?«

»Lesen.«

»Und danach?«

»Lesen.«

»Aber lesen kannst du doch auch alleine?«

»Deshalb ja!«

Ich kann das nicht mit ansehen, der Junge muss mal an die frische Luft. Also fahren Ludger und ich ins Schwimmbad. Seine Mutter hat ihn aufgrund des schönen Wetters immerhin mit Badekleidung ausgestattet. Es würde mich nicht wundern, wenn seine Badehose aus ökologisch abbaubarem Pandasackhaar gehäkelt wäre. Ich bin überrascht, Ludger hat eine Speedo dabei, Größe XXXS.

Nach einer schier endlosen Umzieh-, Verstau-, Such- und wieder Verstauaktion haben wir alles im Schließfach untergebracht, und ich lotse Ludger zum Sprungturm. Wir fangen gemächlich an und springen erst mal vom Beckenrand. Das Einmeterbrett ist voller brüllender, dicker Kinder, die Arschbomben machen wollen. Ludger zögert, ich tätschele ihn am Arm. Dann gebe ich ihm einen kleinen Schubs. So ein kleiner Schubs ins Leben kann nicht schaden, denke ich. Ludger faltet die Hände wie Graf Dracula vor der Brust und fällt Gesicht voraus steif wie ein Hinkelstein ins Wasser. Dann sinkt er, ohne sich auch nur im Geringsten zu bewegen, auf den Beckenboden. Ich warte, bis er wieder auftaucht. Tut Ludger aber nicht. Ich springe hinterher und ziehe ihn raus.

Ludger kann nicht schwimmen, klärt er mich nun auf.

»Meine Eltern und ich glauben nicht an Schwerkraft«, sagt er. Was immer das auch heißt.

Ein Bademeister eilt herbei und brüllt mich an. »Wat sind Sie denn? Nicht ganz dicht? Das Kind ist ja Nichtschwimmer!«

»Es war ein Unfall«, rechtfertige ich mich.

Ludger erhöht auf: »Es war ein Attentat!«

Jetzt haben wir Hausverbot.

Wir fahren schweigend nach Hause, bis Ludger mit seinem kleinen Kinderstimmchen eine Frage stellt, die mich allen Ärger vergessen lässt.

»Basti, könntest du morgen mit mir in die Schule kommen und dort etwas über deinen Beruf als Komiker erzählen? Wir sollen einen Helden des Alltags vorstellen, und da dachte ich an dich.«

»Hm, ja, also, sehr gerne!«, antworte ich erfreut. Wusste ich's doch, dass wir eine ganz besondere Beziehung zueinander haben.

Am nächsten Tag gehe ich also mit Ludger zur Waldorfschule. Als wir dort ankommen, bin ich doch ein wenig überrascht, dass die Schule keine Raketenrampe hat, von der die Lehrer abends zurück zu ihrem Heimatplaneten fliegen können. Ludgers Klassenlehrerin kommt uns entgegen. Sie heißt Salome Siddartha Schulzke und sieht aus, als hätte sie die Dreadlocks von Bob Marley geraucht. Ihr Oberteil ist eine Gardine aus den Siebzigern, und ihr Gesicht zieren so viele Piercings, dass sie eines Tages wahrscheinlich auf dem Hof der Ludolfs beerdigt werden muss.

»Ludger will heute den Beruf seines Vaters vorstellen«, flötet sie fröhlich wie Janis Joplins Unterhose.

Ich ergänze auf »Onkel«, wobei selbst das nicht die richtige Bezeichnung für das Verwandtschaftsverhältnis zum Sohn meiner Cousine ist, aber egal.

Wir stellen uns im Klassenzimmer an die Tafel, Ludger holt einen Zettel aus der Hosentasche und liest laut vor: »Das ist mein Onkel Basti. Sein Beruf ist, dass Leute ihn auslachen. Danke.«

Dann faltet er den Zettel zusammen und schweigt. Die Kinder schauen mich an, als wäre ich aus dem betreuten Wohnen ausgebrochen.

»Ich arbeite als Komiker«, schiebe ich hinterher, aber die Kinder sind Ludgers Arbeitsaufforderung bereits gefolgt: Ich werde ausgelacht. Von einem Jungen mit zwei Zähnen im Mund, von einem Mädchen mit einem Pferdegesicht. Selbst vom dicken Ansgar mit den Sommersprossen. Und Gunnar, der Nasenatmer vom Dienst, muss schon an seinem Asthmaspray saugen, so sehr erheitert ihn mein Versagen. Ludger neben mir grinst wie ein Honigkuchenpferd. Ich wusste gar nicht, dass sein Gesicht das kann.

Zu Hause gehe ich schweigend ins Bett. Für heute habe ich genug.

DER SCART-CLUB

Mein Handy klingelt. Ein Bild von Chewbacca wird angezeigt. Seit Nadja letztens an meinem Handy herumgespielt hat, wird immer Chewbacca angezeigt, wenn Vater anruft.

»Ja!«

»Ja? Was heißt hier ja, Papa?«

»Mit *Nein* ein Gespräch zu eröffnen wäre doch wohl skurril, oder, Sohn?«

»Wie wäre es mit ›Guten Tag‹?«

»Das kann man heute wirklich nicht behaupten. Der Fernseher ist kaputt.«

»Das kommt ja überraschend.«

»Soll das Ironie sein?«

»Papa, das Ding war locker dreißig Jahre alt.«

»Zweiunddreißig. Der hatte sogar schon eine Fernbedienung!«

Meine Eltern waren wahrscheinlich die letzten Menschen in der westlichen Hemisphäre, die noch einen müffelnden Röhrenbildfernseher in ihrem Wohnzimmer stehen hatten. Allgemein gibt es bei meinen Eltern ein ziemliches Gefälle zwischen der Menge der Medien und der Qualität der Darreichungsform. Vater hat mit geschätzt 20 000 Schallplatten die wahrscheinlich umfassenste Tonträger-Privatsammlung Mitteleuropas. Der Plattenspieler kommt aber von Aldi und eiert so unfassbar, dass man die Beatles kaum von Boney M. unterscheiden kann.

»Für mich ist das geplante Obsoleszenz. Die Industrie baut diese Dinger ja absichtlich so, dass sie schnell kaputtgehen!«

»Stimmt, Papa, zweiunddreißig Jahre Lebensdauer für ein Haushaltsgerät, das ist eine Unverschämtheit! Da muss man ja fast zwei Mal im Leben einen Fernseher kaufen, wenn die in so einer Frequenz den Geist aufgeben!«

»Sieht du? Jetzt verstehst du meinen Ärger!«

»Ja, oder so ähnlich.«

»Warte mal, da kommt eine SMS.«

»Ja, ich warte.«

»Fertig! Ich bin gerade in diesem großen Elektronikfachgeschäft.«

»Saturn.«

»Der mit dem Bärtigen, der in der Werbung nix sagt.«

»Saturn!«

»Der mit dem orangen Schriftzug.«

»SATURN! Ich hab's jetzt verstanden, Papa!«

»Hallo, Sohn … bist du noch da?«

»PAPA?« Langsam bin ich genervt.

»Oh, Entschuldigung, ich hab mir das Telefon nach der SMS falsch rum an den Kopf gehalten. Ich hab mich schon gewundert, warum du nichts mehr sagst.«

»Ernsthaft, Papa?«

»Mache ich den Eindruck zu scherzen?«

»Okay, kann ich jetzt auflegen?«

»Nein, wenn du schon dran bist, kannst du mir bei der Auswahl eines neuen Fernsehers helfen!«

»Warum fragst du nicht einfach einen der Mitarbeiter da?«

»Das sind doch alles Taugenichtse. Die wollen doch nur verkaufen.«

»Na ja, es sind Verkäufer … keine Verleiher. Hast du denn schon jemanden angesprochen?«

»Ja, aber der sagte, das wäre nicht seine Abteilung.«

»Wo war das denn?«

»Bei den Mixern.«

»Mixer sind ja auch keine Fernseher, Papa.«

»Unglaublich, dass dieses Personal hier so ein eingeschränktes Wissen hat. Im Supermarkt wissen doch auch alle Mitarbeiter über alle Produkte Bescheid. Da sagt doch auf keiner: ›ICH bin für die Butter zuständig, Margarine macht meine Kollegin.‹«

Irgendwie hat Vater hier sogar ein kleines bisschen recht. Oder hat man schon mal davon gehört, dass jemand in einen Baumarkt gekommen wäre und vom Verkäufer nicht sofort wie aus der Pistole geschossen vernommen hätte: »Das ist nicht meine Abteilung!«?

»Okay, was für einen Fernseher willst du denn?«

»Einen, wo vorne das Bild ist, Bastian.«

»Was ist das denn für eine bescheuerte Antwort. Wie groß soll der Fernseher denn sein?«

»Ungefähr so …«

»Wie, ungefähr so? Dir ist schon bewusst, dass ich dich nicht sehen kann, oder?«

»Ach ja, gut, so groß wie der letzte Fernseher wäre nicht schlecht.«

»Das ist kein Problem. Da kannst du dir gleich einen Nintendo DS kaufen, da hast du gleich zwei Bildschirme in der Größe von deinem alten Fernseher.«

»Sohn, das ist nicht zielführend. Wie groß muss denn so ein Fernseher sein?«

»Na ja, ich denke mal fünfzig Zoll sollten es schon sein.«

»Gut, dann hätte ich hier einen, einen Samsung UE50KU6079UXZG mit Hyper Klär Disbläh, 100 Hertz, Riel Moschohn und …«

Vater beginnt in seiner eigentümlichen Denglischsprechweise, die einzelnen Daten des Fernsehers vorzulesen.

»Hyper Klär Disbläh, Papa?«

»Ja, so steht es hier.«

»Das klingt, als würde der Fernseher Durchfall verursachen. Du meinst ein Hyper Clear Display.«

»Sag ich ja. Ist das gut?«

»Das ist Werbebullshit.«

»Also nicht gut.«

»Nein. So was schreiben dir nur drauf, damit Leute wie du beeindruckt sind.«

»Ich bin aber gar nicht beeindruckt.«

»Dann funktioniert das offensichtlich nicht.«

»Hat der Fernseher denn SCART?«

»Wofür brauchst du denn Scart, Papa? Das ist ein Anschluss, mit dem man vielleicht die erste Mondrakete verkabeln kann, aber doch keine modernen TV-Geräte.«

»Für den Videorekorder!«

Vater gehört zu den Menschen, die noch VHS-Kassetten horten. Als er sich zuletzt für Mediengeräte interessierte, tobte gerade der Krieg zwischen den Formaten Betamax und VHS, den ja bekanntlich das zweitere Format gewonnen hat. Damals lautete die Erklärung der Fachwelt, dass sich VHS deshalb durchsetzen konnte, da die Betreiber von Betamax keine Pornos auf ihren Kassetten veröffentlichen ließen. Der besser informierte Kenner weiß jedoch, dass der Formatkrieg vornehmlich durch meinen Vater entschieden wurde, der die Hersteller der VHS-Kassetten über Jahre durch Hamsterkäufe massiv subventioniert hat.

»Papa, du kannst dir doch keinen Full-HD-Fernseher kaufen und dann erst mal den Videorekorder anstöpseln. Das ist, wie Salatöl in den Ferrari zu kippen.«

»Ich habe gar keinen Ferrari, Sohn.«

»Das war eine METAPHER!«

»Eine Metapher ist die bildliche Übertragung eines bedeutungsfremden Begriffs in einen sinnstiftenden Zusammenhang, Sohn. Das kann ich hier nicht erkennen.«

»Okay, Papa.«

»Also hat der kein Scart?«

»Keine Ahnung, Papa.«

»Warte mal ...«

Ich höre Vater im Hintergrund rascheln, wahrscheinlich baut er gerade die Videowand bei Saturn auseinander, um nachzusehen, ob der Fernseher hinten Scart hat. Plötzlich meldet sich eine fremde Stimme.

»Ja, hallo?«

»Hä? Wer ist denn da?«

»Maik Kwiatkowski, Saturn Essen, guten Tag?«

»Warum hab ich Sie denn jetzt dran?«

»Das weiß ich auch nicht. Ein Mann hat mir sein Telefon in die Hand gedrückt und gesagt, Sie hätten eine Frage.«

»Das ist mein Vater.«

»Aha. Und wie lautet die Frage?«

»Äh ... hat der Fernseher, den mein Vater sich da gerade anschaut, Scart?«

»Was wollen Sie denn mit Scart, das ist doch total veraltet!«

»Wir brauchen das für den Videorekorder.«

»Sie benutzen noch einen Videorekorder?«

Im Hintergrund höre ich den Verkäufer zu meinem Vater sagen: »Ihr Sohn ist aber nicht ganz up to date!« Woraufhin mein Vater antwortet: »Ich versteh den Jungen auch nicht.« Dieser Verräter!

»Nein, aber mein Vater.«

»Ach so, ja, der hat Scart. Aber der Fernseher, den kann ich Ihnen nicht wirklich empfehlen.«

»Warum?«

»Der hat keine 400-Hz-Technik.«

Da kommt wieder die Verkaufsmasche. Solche Dinge wie 400-Hz-Technik wurden nur erfunden, um leichtgläubige Senioren wie meinen Vater zu ködern.

»400-Hz-Technik ist absoluter Blödsinn, und das wissen Sie!«

Plötzliche Stille in der Leitung …

»Das kommt natürlich auf das Signal an, dass Sie zuspielen. Wenn Sie nur einen Videorekorder anschließen, dann brauchen Sie sich nicht zu wundern!«

»Der ist von meinem Vater. Mein VATER will den Videorekorder anschließen!«

»Ja, beruhigen Sie sich doch! Ihr Sohn ist aber ein ziemlicher Hitzkopf!«, beschwert sich die Saturn-Kabelschubse bei meinem Vater, woraufhin dieser antwortet:»Ich weiß auch nicht, von wem er das hat!«

Ich glaube, ich flippe gleich aus.

»Ich bin ruhig! Sie sollten mir nur nicht so einen Scheiß erzählen und nicht versuchen, meinen Vater abzuzocken!«

»Ich habe damit ja nur gesagt, dass es neue Technologien gibt, die man ruhig mal ausprobieren sollte!«

»Mein Vater braucht einfach nur einen Fernseher, vorne das Bild, hinten der Stromanschluss. Fertig. Haben Sie so was da?«

»Ich denke schon!«

»Dann verkaufen Sie ihm so was, bitte!«

Ich beende das Gespräch, bevor ich noch lebenslanges Saturn-Verbot bekomme.

Drei Stunden später klingelt mein Handy.

»Ja!«, schnauft es ins Telefon.

»Ah, Papa. Na, hast du deinen Fernseher?«

»Das kann man wohl sagen. Aber nicht dank dir, sondern wegen dem netten jungen Mann von Saturn!«

»Dann hat das Gerät jetzt 400-Hz-Technik?«

»Nein.«

»Ach, wirklich nicht?«

»Nein, er hat 800-Hz-Technik. Das schont meine Augen bei kleinen Texten, hat Herr Kwiatkowski gesagt.«

»Fantastisch! Hat er denn auch Silent-Shutter-Matrix?«

»Das weiß nicht … das steht nicht auf der Packung.«

»Oh, das ist aber ungewöhnlich, das hat inzwischen jeder moderne Fernseher.«

»Wirklich? Das Gerät war ja nicht ganz billig, da kann ich mir den Mangel nicht erklären.«

»Ich denke, es ist das Beste, wenn du noch mal hinfährst und mit Herrn Kwiatkowski über diesen Mangel sprichst.«

»Das erscheint mir sinnig, Sohn. Danke, dass du mich darauf hingewiesen hast!«

Vater legt auf. Ich bin schon gespannt, wie lange es dauert, bis Herr Kwiatkowski ihm begreiflich gemacht hat, dass es solchen Müll wie eine Silent-Shutter-Matrix gar nicht gibt.

Rache muss sein!

ER SAGT, SIE SAGT

Basti, gucken wir noch 'nen Film?

Ja. Das geht jetzt übrigens auch im Schlafzimmer.

Aber da haben wir doch gar keinen Player. IST das eine PlayStation?

Das ist ein Blu-ray-Player.

Da steht aber PLAYSTATION drauf!

Mmh, da hat der Player wohl Zusatzfunktionen …

Du hast doch schon eine PlayStation!

Aber das ist die Slim.

Aha … und was kann die?

Die ist Slim.

UND?

Die verbraucht weniger Strom!

Weißt du, was noch weniger Strom verbraucht? Nur EINE PlayStation!

Was hast du da eigentlich an? Sind das neue Schuhe?

Ja! Die haben jetzt auch EINE Zusatzfunktion.

Welche denn, bitte?

Damit kann ich dir in den Hintern treten, du Energiesparer!

(Handgemenge)

TRAUMATA FREI HAUS

Fertig! Endlich habe ich Vaters Foto-DVD zusammengestellt. Nachdem er mir letztens eine Sammlung von geschätzt 58 000 Aufnahmen auf einer Festplatte überreicht hat und das Ganze nur mit den Worten »Such mal die Schönsten raus« kommentierte, hing diese Mammutaufgabe als Damoklesschwert unserer Vater-Sohn-Beziehung über mir.

Nun, da Tausende Fotos mit so kryptischen Titeln wie »Heike mit Pausbacken« oder »Opa Ewald mit der Tuba« geordnet sind, rufe ich meinen Erzeuger an, um ihm die frohe Botschaft zu überbringen.

Zuerst schlägt mir wie immer Vaters obligatorisches Schmatzen entgegen.

»Papa?«

»Wer sonst. Der Papst hat schließlich nicht meine Handynummer, Bastian.«

»Sehr lustig, Papa. Wo bist du denn gerade?«

Ich höre im Hintergrund Kindergeschrei und hektisches Treiben.

»In der Schule. Wo sonst?«

»Was heißt hier ›Wo sonst?‹. Du bist vor zwei Jahren in Rente gegangen, Papa. Du bist kein Lehrer mehr.«

»Einmal Lehrer, immer Lehrer. So ist das halt, Bastian.«

Da hat Vater wohl ein neues Naturgesetz formuliert. Wasser hat drei Aggregatzustände. Licht breitet sich im Vakuum mit einer universellen Geschwindigkeit aus. Einmal Lehrer, immer Lehrer.

»Aber du hast dort doch gar nichts mehr zu suchen!«

»Das ist ein freies Land. Ich kann mich aufhalten, wo ich will, Sohn.«

»Ich bin mir recht sicher, dass ein Lehrerzimmer kein öffentlicher Ort ist. Dürfen da nicht nur Lehrer rein?«

»Einmal Lehrer, immer …«

»Ja, schon verstanden. Und was machst du jetzt da?«

»Ich sitze.«

»Deine Kernkompetenz.«

»Lustig, Sohn. Nein, ich sitze neben dem Kopierer.«

»Stell doch einen kleinen Porzellanteller neben dich. Vielleicht wirft ja jemand fünfzig Cent drauf.«

»Frechheit. Ich mag es einfach hier, außerdem kann ich den neuen Referendaren mit Rat und Tat zur Seite stehen.«

»Ach komm schon. Du lachst die doch aus.«

»Gut, ja … erwischt, Sohn. Es ist aber auch zu herrlich! Da kommt schon wieder einer mit der Tasche in der Hand. So viel Hoffnung in den kleinen Augen … warte mal.«

Ich höre im Hintergrund nur die gehetzte Stimme eines jungen Mannes, der meinen Vater kurzatmig grüßt. Er erwidert: »Es sind nur noch dreiundvierzig Jahre … viel Glück!«, und lacht. Mein Vater ist echt schmerzfrei.

»Das hast du jetzt nicht ernsthaft gesagt, oder?«

»Was denn?«

»Du hast die arme Sau doch nicht ernsthaft daran erinnert, dass er noch dreiundvierzig Jahre Schuldienst vor sich hat.«

»Na ja, das war ja nur geschätzt. Deine Generation wird ja wegen unseres maroden Rentensystems wahrscheinlich arbeiten müssen, bis sie direkt ins Grab kippt.«

»Papa … was soll das denn? Du kannst doch da nicht sitzen und Leute entmutigen!«

»Klar kann ich das. Ich bin wie der Torwächter ins Totenreich, Sohn.«

»Ist das nicht ein bisschen hoch gegriffen, Papa?«

»Ich ernähre mich von zerbrochenen Seelen«, sagt Vater und lacht wieder. »Und hier gibt's mehr als genug davon. Aber warum rufst du eigentlich an?«

»Ich hab die Fotos zusammengestellt, die du haben wolltest.«

»Das Beste aus dreißig Jahren Familie Bielendorfer?«

»Ja!«

»Hast du auch die vom Nordseeurlaub 1988 dabei?«

»Papa, das waren Tausende Fotos, ich hab mir die jetzt nicht alle angeschaut.«

»Oh, das ist aber nachlässig, Bastian. Warte mal kurz …«

Im Hintergrund höre ich nur, wie Vater sagt: »Wenn die Schüler Ihnen zu laut werden, einfach den Fernseher anmachen.«

»Papa, was gibst du denn da für Ratschläge?«

»Gute. So was kann ganze Unterrichtsstunden retten, Sohn.«

»Aber das hast du doch nie gemacht, oder?«

»Natürlich nicht. Bei mir wurden die Schüler auch nie zu laut. Und wenn doch, habe ich den Zeitungstrick angewendet.«

»Was ist denn der Zeitungstrick?«

»Ich habe dann einfach die Füße aufs Pult gelegt und eine Zeitung aufgeschlagen. Das irritiert die Schüler, weil sie denken, man müsste doch an ihrem Lärm verzweifeln. Und wenn das noch nicht reicht, kann man noch ein überlegenes »Ich brauch euch nicht« einstreuen, dann kommt die Denkmaschine selbst bei den hohlsten Nüssen in Gang. Irgendwann, wenn die Schüler dann ausreichend irritiert sind, kommt Ruhe auf.«

»Das ist ja genial, Papa.«

»Tja, Lehrer sein ist auch ein Handwerk, Sohn. Das kann nicht jeder. Oh, warte, da kommt wieder so ein Kandidat!«

Wieder höre ich Vater zu einem Mann sprechen: »Was machen Sie? Chemie? Oje, Naturwissenschaften sind bei Schülern traditionell sehr unbeliebt. Gehen Sie am besten aus dem Raum, wenn Sie weinen müssen.«

»PAPA!«

»Ja, Sohn?«

»Bist du bekloppt? Was soll der Typ denn denken, wenn du ihm so was sagst!«

»Das ist Abhärtungstherapie. Glaub mir, der wird das noch brauchen. Ach, da kommt ja der Herr Böger.«

»Herr Böger?«

»Du kennst doch Herrn Böger noch!«

»Unseren alten Schulhausmeister? Der ist immer noch im Dienst?«

»Wo denkst du hin. Der Mann ist dreiundachzig. Der kommt nur so, zum Gucken, ob sein Nachfolger alles ordentlich macht.«

Unglaublich! Egal, wie bekloppt mir das Verhalten meines Vaters auch vorkommt, es scheint immer noch Beklopptere zu geben.

»Also so wie du?«

»Nicht ganz. Ich sitze im warmen Lehrerzimmer,

er sitzt draußen auf 'nem Klappstuhl auf dem Schulhof und schaut dem neuen Hausmeister beim Kehren zu. Das ist doch verrückt!«

»Einmal Hausmeister, immer Hausmeister.«

»Du sagst es, Sohn.«

ER SAGT, SIE SAGT

Kalt, kalt, kalt, mach das doofe Fenster zu, Nadja.

Ich maule, weil meine Liebste mal wieder alle Löcher aufgerissen hat. Langsam glaube ich, sie will bei uns heimlich Pinguine züchten.

Stell dich nicht so an, Basti, das nennt man STOSSLÜFTEN!

Ich erfriere gleich, Nadja. Nächste Woche bin ich bestimmt wieder krank.

Oje … Hunger, Pippi, kalt – so sind Bastis halt!

Das ist doch nicht normal. Normalerweise ist euch Frauen doch immer so kalt?

Tja, in unserer Beziehung sind die Geschlechterrollen wohl ein wenig vertauscht, oder?

WIE BITTE? So eine Frechheit!

Ich gehe beleidigt in die Küche. So etwas lasse ich mir nicht länger gefallen.

Ich nehme ein Glas Wasser aus dem Regal, das Regalbrett klappt nach unten, und ich kann es gerade noch festhalten, bevor mir alle Gläser entgegenkommen.

NAAAADJA! Komm mal!

Was hast du denn schon wieder gemacht?

Das war ich nicht, das war das Regal.

Halt fest, ich hol das Werkzeug.

Eine Minute später steht die Chefin mit Hammer und Schraubenzieher in der Küche und werkelt.

So, fertig!
Toll festgehalten, Basti. Jetzt gibt es nur noch eine Sache zu klären!

Was denn?

Wann du endlich deine Periode bekommst!

(Hammergemenge)

Mein schlimmstes Urlaubserlebnis: Antalya ist nicht New York

August 1998, endlich Sommerferien. Dieses Jahr wollen wir richtig verreisen. Vater macht Vorschläge: Entweder eine Kulturreise nach Lübeck, um auf den Spuren Thomas Manns zu wandeln, oder ein Wochenendtrip nach Pripyat nahe dem ehemaligen Atomkraftwerk Tschernobyl. Das sei landschaftlich wirklich spannend, sagt Vater – zwar verstrahlt, aber spannend.

Mutter und ich fragen, ob es auch etwas ohne Kultur gibt. Oder noch besser, ohne Verstrahlung. Vater überlegt und verspricht, ins Reisebüro zu gehen. Er kommt am nächsten Tag begeistert wieder, er hat eine Überraschung für uns. Mutter und ich überlegen, uns Schutzanzüge zu kaufen.

Es geht nach Antalya in die Türkei. Meine Mutter und ich stehen am Tag der Abreise ungläubig vorm Check-in-Schalter. Wir hatten mit allem gerechnet, uns auf eine Butterfahrt in den Spessart vorbereitet oder eine Radtour nach Indien – aber Antalya?

„Da machen ja selbst normale Leute Urlaub", sagt Mutter.

Unser Pilot heißt Herr Ernst und begrüßt die Fluggäste in starkem sächsischem Dialekt.

Vater fragt bei der Stewardess nach, ob man die Begrüßung auch noch mal auf Deutsch haben kann.

Das Bordprogramm zeigt „Verrückt nach Mary".

Zu essen gibt es Hähnchen oder als vegetarische

Alternative Penne rigate. Vater lässt nachfragen, ob die Penne rigate auch glutenfrei sind.

Die Stewardess sagt Ja.

Vater fragt, ob die Penne rigate auch vegan wären?

Die Stewardess bejaht abermals.

Vater bestellt das Hähnchen.

Ich glaube, die Stewardess fängt gleich an zu heulen.

Der Film läuft, Vater protestiert. Sperma als Haargel, das hätte noch nie geklappt.

Mutter sagt, das sei eine Komödie.

Vater bittet die Stewardess, zum Kapitän zu gehen, er solle das Programm ändern.

Der Kapitän kommt aus dem Cockpit und droht Vater Schläge an.

Vater fragt, ob er diese Drohung auch noch mal auf Deutsch haben könne.

Vater sagt, er wäre bei der Bundeswehr gewesen, Panzergrenadier. Wenn der Pilot sich nicht benehme, müsse er seine Spezialausbildung nutzen.

Der Pilot geht wütend ins Cockpit zurück.

Vater sagt, er war eigentlich Funker. Jemanden ausschalten könne er höchstens, wenn er ihm ein Radio an den Kopf werfen würde.

Wir landen.

Vater klärt uns auf, dass wir keinen Transfer zum Hotel mitgebucht haben, er will mit einem Taxifahrer verhandeln. „Die Osmanen handeln traditionell gerne", sagt Papa.

Er hat vorher extra etwas Türkisch gelernt, damit er nicht übers Ohr gehauen wird. Vater spricht einen Taxifahrer an, der Mann nickt und lacht.

Vater lacht auch.

Vater zeigt eine Zahl mit seinen Fingern und nickt.

Der Taxifahrer lacht und zieht ein Messer.

Wir gehen zu Fuß. Antalya sei ja nicht New York, sagt Vater.

Vater hat recht, in New York gibt es zumindest Straßenschilder.

Wir kommen am Hotel an, es heißt Türk Express Inn und sieht auch so aus.

Vater sagt: „Jetzt fängt endlich der Urlaub an."

Unser Zimmer ist im Keller und hat kein Fenster, dafür ist es neben dem Heizungsboiler. Vater sagt: „Das ist doch toll, dann ist es hier auch in kalten Nächten schön warm."

Mutter sagt, dass bei achtundvierzig Grad Außentemperatur kalte Nächte unwahrscheinlich seien. Vater doziert über die Sahara, in der es nachts bitterkalt wird.

Mutter und ich gehen zum Pool.

Wir haben gar keinen Pool.

„Dafür gibt es ja das Meer", sagt Vater, „wofür braucht man Swimmingpools, wenn Gott uns das Meer geschenkt hat."

Wir gehen zum Meer.

Wir haben kein Meer.

„Offensichtlich liegt Antalya nicht mehr am Meer", sagt Vater. Unser Hotel liegt wohl sehr innerorts, auf dem Weg zum Meer müssen wir durch die ganze Altstadt laufen. Die Händler im Basar winken uns zu, Vater winkt zurück. Er erinnert an die Queen in kurzen Hosen.

Das Meer ist schön, aber zwei Liegen mit Schirm kosten zehn Mark Miete pro Tag. Vater sagt, das sei infam.

„Wer braucht schon Sonnenschirme, wo doch der Sand so schön weich ist", sagt Vater.

Eine Liege sei ja nur was für Weicheier.

Zwanzig Minuten später. Vater sieht aus wie eine Rettungsboje aus Baywatch. Als er aufstehen will, bleibt seine Rückenhaut am Strand kleben.

Der Arzt sagt, Vater hat einen Sonnenstich.

Mutter und ich sind uns da nicht so sicher, wir sagen, er sei immer so.

Der Arzt verordnet Bettruhe in abgedunkelten Räumen.

Vater sagt, schlafen könne er, wenn er tot ist.

Der Arzt sagt, das sei prognostisch richtig, und gibt Vater eine Spritze mit einem starken Medikament.

Wir gehen ins Hotel zurück, Vaters Rücken bleibt am Strand.

Vater sagt, ein Zimmer im Keller ohne Fenster

hätte auch Vorteile, es abzudunkeln wäre immerhin leicht.

Jetzt sitzen wir alle zusammen im Dunkeln. Vater sagt, bei Tutanchamun wären die Diener auch mit dem toten Pharao im Grab eingesperrt worden.

Mutter sagt, dass dies wirklich bald sein Grab wird, wenn er weiter so blöde Sprüche macht.

Vater fängt als Antwort an zu schnarchen.

Mutter schaltet den Fernseher an.

Der Fernseher ist kaputt.

Mutter schaltet das Radio an.

Es ist auch kaputt.

Mutter ist genervt, kramt eine Packung Zigaretten aus ihrer Tasche und steckt sich eine an.

Der Feueralarm ist nicht kaputt.

Jetzt ist es dunkel, und die Sirene donnert durch die Flure.

Mutter schreit, dass es nun kaum mehr schlimmer kommen könne.

„Stimmt nicht", sagt Vater, als die Sprinkleranlage angeht.

Jetzt ist es dunkel, laut und nass.

Mutter schiebt hektisch die Koffer in den Flur, ich versuche, meinen Gameboy in die Jacke zu wickeln.

Vater sagt, bei den Pharaonen tot zu sein wäre sicherlich schöner gewesen als dieser Urlaub.

Der Mann von der Rezeption lacht. Zum Glück sei der Wasserschaden nicht ganz so schlimm, da wir die einzigen Gäste sind. Auf dem Namensschild des Portiers steht sein Name: Fati.

Vater sagt, er wäre auch Vati. Der Rezeptionist lacht wieder und bietet ihm einen Raki an.

Fati und Vati trinken einen Raki und noch einen Raki und noch einen Raki. Sie trinken Bruderschaft, dem Pharao scheint es wieder besser zu gehen.

Nach einer halben Stunde kommt Vater freudestrahlend zurück. Der Urlaub kann weitergehen, er hat ein neues Zimmer für uns rausgehandelt.

Beim Einschlafen höre ich das grausam hohe Surren einer Mücke. Vater sagt, das sei der Luxus des Älterwerdens, das Surren der Mücken könne man irgendwann nicht mehr hören. Ich solle aber beruhigt sein, in so warmen Ländern gäbe es keine Mücken.

Am nächsten Morgen sieht mein Körper aus wie die Oberfläche des Mars, ich bin zerstochen vom Fuß bis zum Scheitel.

Mücken gebe es hier nicht, Bremsen allerdings schon, sagt Vater.

Ich glaube, ich habe Fieber.

Der Arzt sagt, ich hätte eine Allergie. Ich bekomme ebenfalls eine Spritze mit starken Medikamenten, der Arzt verordnet mir Bettruhe.

Das hatten wir schon, sagt Vater, das bringt nichts.

Fati und Vati machen auch die nächsten Abende weiter ihre Rakirunde. Fati beschließt am letzten Tag, dass Vater und er Blutsbrüder werden sollten.

Der Arzt sagt, es könne sein, dass Vaters Daumen abstirbt. Er verstehe nicht, wie man sich so tief schneiden könne.

Vater sagt, dass sei der Raki gewesen.

Der Arzt sagt, das wäre unser dritter Besuch in vierzehn Tagen, bald würde es Rabatt geben.

Vater sagt, das wäre unwahrscheinlich, wir reisen morgen ab.

Der Arzt sagt, darauf würde er nicht wetten.

Er lacht, Mutter auch, ich auch, Vater nicht.

Vater, Mutter, ich und Vaters Daumen fliegen am nächsten Tag zurück nach Hause, der Pilot ist wieder Herr Ernst vom letzten Mal.

„Das war schön", fasst Vater zusammen, als wir am Flughafen in Düsseldorf ankommen.

Mutter und ich zeigen „Daumen hoch", aber darüber kann mein Vater nicht lachen.

DER BESTE STEIN ALLER ZEITEN

Das Telefon klingelt, ich sehe die Nummer meiner Eltern auf dem Display. Vielleicht sollte ich vorsorglich Johanniskrautkapseln einnehmen.

»Hallöchen!«

»Hui, wir sind aber gut gelaunt heute!«

»Immer, Sohn, immer.«

»Immer« ist in diesem Fall ein Synonym für heute. Das letzte Mal, dass ich meinen Vater so fröhlich erlebt habe, war, als Norbert Gallenreiters neuer Mercedes direkt aus der Garage gestohlen wurde. Ich bin mir immer noch recht sicher, dass das nicht Bulgaren waren, sondern ein pensionierter Pädagoge, der das Ding irre lachend in der Emscher versenkt hat.

»Und? Was ist der Anlass der Freude?«

»Ich zitiere mal kurz: 19. 10. 1989 – Betragen: Mangelhaft, Ausdruck: Mangelhaft. Bastian hatte heute ein Missgeschick auf dem Spielplatz. Anstatt das Ganze mit der gebotenen Verschwiegenheit zu vertuschen, lief er nur laut ›Papa Pipi Pipi‹ rufend auf dem Spielplatz herum. Unterwäsche musste vom Kind entfernt und aufgrund der Unfähigkeit der Stadtverwaltung, genug Müllkörbe aufzustellen, im Sandkasten vergraben werden.«

»Du hast meine Wäsche im Sandkasten vergraben?«

»Ja, deinen Schlüpfer. Der wird wahrscheinlich eines Tages von Archäologen geborgen werden.«

»Lustig, Papa. Woraus liest du denn hier vor?«

»Aus deinem Betragensbuch.«

Vaters »Betragensbuch« ist eine rot-schwarze Notizbuchkladde, deren Existenz ich erfolgreich verdrängt habe. Eigentlich besitzt er Hunderte dieser Notizbücher, die er seit Jahrzehnten mit Daten, Erinnerungen und Terminen füllt. Aber dieses Heft ist etwas ganz Besonderes. Das »Betragensbuch« war das Ergebnis der Idee meines Vaters, während seiner Elternschaft das Angenehme mit dem Nützlichen zu verbinden. Das Angenehme war seine naturgegebene Tendenz, alles und jeden zu benoten – das Nützliche meine »Erziehung«, in der westfälischer Sarkasmus auf die Experimentierfreude eines Sozialwissenschaftlers traf. Er schlug mir vor, jeden Tag eine Note für mein Betragen und für meinen Ausdruck zu vergeben. Nach einem Jahr wurde dann der Notendurchschnitt errechnet, und falls meine

Durchschnittsnote über dem kritischen Wert von 2,0 lag, sollte ich einen Gameboy bekommen. Aus der Sicht eines Fünfjährigen im Jahr 1989 wertvoller als eine Spenderniere.

»Oder hier: 18.04.1989 – Betragen: Ausreichend, Ausdruck: Ungenügend. Mit Bastian im Osterzirkus Ronaldo gewesen. Die Clowns sahen aus wie Massenmörder und machten Unfug. Danach wollte Bastian Kamelreiten, allerdings handelte es sich um ein Dromedar. Also Dromedarreiten, ein Umstand, über den sich mein Sohn lautstark beklagte. Das Tier verfügte nur über einen Höcker. Diese Tatsache wurde vom Kind mit Heulen quittiert. Das Tier rächte sich, sobald Basti Platz genommen hatte. Es gab Vollgas, Sohn versuchte, sich am Höcker festzuhalten, was nicht klappte. Bastian hinterließ kahle Stellen auf dem Rücken des Tieres. Und einen Abdruck eines dicken Kindes auf dem Manegenboden.«

»Ist ja gut, Papa. Ich hab's verstanden.«

»Ingriiid komm mal, hier sind sogar Fotos!«

»Fotos?«

»Ja, vom Schultheater. Weißt du noch?«

Natürlich weiß ich das noch, aber es gibt Dinge, die selbst mein schamerprobtes Gehirn erfolgreich verdrängt hat. Doch irgendwo in einem kleinen Verlies meines Bewusstseins sitzt er noch, der achtjährige Basti aus der Schulaufführung. Als einsamer Brokkoli.

»DU WARST EIN BROKKOLI, das hatte ich ja ganz vergessen!«, ruft Vater und heult dabei vor Lachen.

»Das muss deine Mutter sehen. Ich lese mal vor …«

»BITTE NICHT!«

»02.05.1992 – Betragen: Befriedigend, Ausdruck: Ungenügend. Bastian hat heute beim Kindergartentheater mitgespielt. Er war ein Brokkoli. Versuche, dem Kind durch die abendliche Lektüre von Thomas Manns *Der Zauberberg* eine kulturelle Basis zu schaffen, können als gescheitert bezeichnet werden. Er spielt im Theater lieber ein Gemüse. Das Stück hieß »Eine Maus kommt rum« und war größtenteils mit Fabelwesen besetzt. Und einem Brokkoli. Eine unzufriedenstellende Besetzung, die wahrscheinlich von Bastians Versagen bei *König Drosselbart* herrührt.« Vater beendet seinen Vortrag.

»HEEERRRLICH«, kreischt da meine Mutter aus dem Off. »Erinnerst du dich noch an *König Drosselbart*?«

»Jaha, komm, jetzt ist dann mal gut!«

»Da solltest du ja erst den König spielen, aber du konntest dir den Text nicht merken, also haben sie dich zum Jäger degradiert. Und dann zum Bauern und schließlich zum …«

»Stein«, prustet meine Mutter wieder los.

»Stimmt, zum Stein. Du hast einen Stein gespielt. Aber mit Inbrunst. Deine Mutter hat gesagt, sie hat noch nie einen so überzeugenden Stein gesehen!«

Der überzeugendste Stein aller Zeiten. Vielleicht sollte ich mir eine Halbtagsstelle als Stein suchen, denke ich.

»Ein tolles Kompliment. Danke euch.«

»Ich bin ja noch nicht fertig mit dem Brokkolieintrag …«

»Papa …«

Er liest weiter vor: »Ingrid ruft ›Du bist super!‹ aus dem Publikum. Eine nette Geste, auch wenn es bisher nicht viel Bewertbares zu sehen gab. Bastian trägt einen grünen Ganzkörperanzug und eine grüne Clownsperücke, die offensichtlich Brokkoliröschen darstellen soll. Immerhin ist Bastian bisher nicht gestolpert. Das kann man durchaus als Teilerfolg verbuchen.«

»Papa, du beschreibst mich, als wäre ich komplett unfähig!«

»Unfähig nicht, nur etwas trottelig. Das weißt du doch selbst!«

Im Hintergrund echot meine Mutter: »Das weiß er doch selbst.«

»Danke. Hast du eigentlich nur angerufen, um mir auf den Keks zu gehen, oder gibt es auch etwas, was du brauchst?«

Vater hört mir offensichtlich nicht zu, er ist viel zu beschäftigt mit seinem Betragensbuch. Ich kann das Ergebnis aber schon mal abkürzen: Den Notendurchschnitt von 2,0 habe ich nie erreicht. Nicht mal annähernd, was wahrscheinlich auch an Vaters Notengebung lag. Den Gameboy bekam ich allerdings trotzdem, und meine Eltern erzählen noch heute, dass sie erst dachten, sie hätten das falsche Gerät geschenkt, weil ich vor Begeisterung in Tränen ausbrach.

»Ich wollte dir nur dieses interessante Zeitdokument vorstellen!«

»Na danke. Dann mach's mal gut, Papa.«

»Warte mal, weißt du noch, was du damals gesagt hast? Weil du so geheult hast, durftest du ja sogar die letzten Worte der Vorstellung sprechen. Als Brokkoli!«

»Ja. Ich erinnere mich.«

»Liebe Leute …«

»… liebe Maus, der Vorhang schließt sich, dieses Stück ist aus!«

»Kann es schönere Abschiedsworte geben?«

»Nein, Papa, bestimmt nicht!«

ER SAGT, SIE SAGT

Nadja hat sich zu Weihnachten Stricknadeln gewünscht. Jetzt sitzt sie im Wohnzimmer und strickt. Ich habe meine eigene Frau zu meiner Oma gemacht.

Was wird das?

Pulswärmer.

Ja, wir hatten ja bisher einen eklatanten Mangel an Pulswärmern.

Blödmann. Was soll ich denn stricken?

'ne Buchse für Otto wäre doch mal eine Idee. Dann muss der Hund nicht mehr der gesamten Welt seine Poperze zeigen.

Vielleicht strick ich dir ’ne Skimaske. Dann musst du nicht mehr der ganzen Welt dein Gesicht zeigen, Basti!

Lustig. Ich find’s ja schön, dass du jetzt Spaß am Stricken hast.

Warte, ich höre dir gleich zu. Noch drei Maschen.

Aber …

ZWEI!

Es fü…

EINE NOCH!

Könntest du mal mit deinem bescheuerten Maschen-Countdown aufhören?

FERTIG! Du hast meine volle Aufmerksamkeit.

Es ist ja wirklich schön, dass du jetzt strickst.

ABER?

Na ja. Es fühlt sich ein bisschen nach Frühvergreisung an.

Wie bitte?

Ich komm mir vor wie Oma und Opa. Ich bin heut Nacht schon fünf Mal zum Pinkeln aufgestanden und hab versucht, meine Zähne in ein Glas zu tun.

Jetzt übertreibst du aber. Wie verbringst du denn deine Freizeit? Mit deinen bescheuerten Ballerspielen!

Das ist kein Ballerspiel. Ich bin alleine auf einer Insel mit Dinosauriern. Das ist toll! Ich habe schon einen T-Rex gezähmt und reite den jetzt.

Okay. Du willst mir ernsthaft doof kommen, weil ich stricke, aber du reitest einen digitalen Dinosaurier auf unserem Fernseher?

Einen T-Rex! Ich hab ihm sogar einen Namen gegeben.

Wehe ...

Er heißt ... Nadja.

(Stricknadelgemenge)

IVAN, DER BRAUSER

Bastian?«
»Höchstselbst.«
»Ich habe ein Problem mit dem Brauser!«

So, wie Mutter »Brauser« ausspricht, klingt es, als würde sie von einem gewaltbereiten Häftling aus dem Knast sprechen: Ivan, der Brauser, der all seine Opfer mit einem Duschkopf erschlagen hat.

»Ja, was hat er denn, der Brauser?«
»Er ist veraltet.«
»Dann aktualisiere ihn doch.«
»Du sagst das so einfach! Ich hab sogar schon Microsoft angeschrieben.«
»Was hast du?«
»Einen Fehlerbericht gesendet!«
»Und?«

»Da meldet sich keiner. Die haben wohl noch zu tun!«

»Wahrscheinlich, Mama. Da kannst du auch das Küchenfenster aufmachen und ›Microsoft, Hilfe!‹ rausbrüllen, das bringt im Zweifelsfall mehr.«

»Ja, und jetzt?«

»Kannst du nicht dein iPad nehmen, wenn du was im Internet gucken willst?«

»Ach, das ist ja auch eine alte Möhre. Darauf guckt der Hund jetzt immer seine Serie.«

»Wie bitte?«

»*Lassie.* Der Hund guckt *Lassie.*«

»Hä? Ihr lasst den Hund auf dem iPad Serien schauen?«

»Ja, was gibt es denn da nicht zu verstehen?«

»Nein, nein, klar! Solange ihr die Altersfreigabe beachtet.«

»Hör mal, lachst du mich aus?«

»Nicht doch.«

Auf jeden Fall!

»Du kannst uns ruhig mal ein neues iPad schenken!«

»Wenn es sonst nichts ist, Mama.«

»Das alte Ding macht ja schon die ganze Zeit Mucken, und man sieht wegen der zerbrochenen Scheibe nix mehr. Also ein neues iPad, das wäre wirklich was. Aber keins von Apple mehr! Die sind mir zu frech.«

»Ein iPad, aber keins von Apple? Das wird schwierig, Mama.«

»Warum? Siehst du, erst willst du mir helfen, und

dann stellst du dich wieder an, das ist doch jedes Mal das Gleiche!«

»Mama, das ist, als wolltest du einen Big Mac kaufen, stehst aber bei Burger King.«

»Was hat denn das jetzt mit Mäckdoonaltz zu tun?«

Mutter spricht den Burgerbrater aus wie ein Burgfräulein aus dem Mittelalter.

»Bei Apple kaufen wir nix mehr. Die haben deinen Vater da schlecht behandelt in diesem Apfelladen!«

»Was ist denn passiert?«

»Die wollten 240 Euro für ein neues Glas für das iPad. So eine Unverschämtheit! Das sind 480 Mark! Dein Vater hat dem jungen Mann gesagt: ›Ich lege jetzt einmal 20 Euro hier auf den Tresen, dann drehe ich mich um. Wenn die dann verschwunden sind, denke ich, wir sind uns einig.‹

»Hat nicht geklappt, oder?«

»Die haben ihn gebeten zu gehen.«

»Mama, ihr könnt euch im Apple Store auch nicht wie im Mafiafilm aufführen, wo mal kurz mit gezogener Pistole verhandelt wird. Die haben feste Preise!«

»Wie gesagt, ein iPad von Apple will ich nicht mehr. So was unterstützen wir nicht. Man muss solche Firmen am langen Arm verhungern lassen!«

»Da musst du aber einen sehr, sehr langen Arm haben, Mama.«

»Wieso?«

»Weil das die erfolgreichste und wertvollste Firma der Welt ist.«

»Was ist denn jetzt mit meinem Brauser!«

»Hast du schon mal einen anderen Browser versucht?«

»Es gibt MEHRERE?«

»Klar. Firefox, Chrome, Opera …«

»Und was machen die? Brausen die auch?«

»Ja, die brausen auch, Mama. Manchmal mit und manchmal ohne Shampoo.«

»Du machst dich doch lustig über mich!«

»Nee, nee … guck mal, ich hab dir die Installationsdatei für einen neuen Browser geschickt.«

»Wie denn?«

»Mit der Postkutsche, Mama! … Mein Gott, schau einfach mal in deine E-Mails!«

»Ach so. Ja … und jetzt?«

»Doppelklick.«

»Aha. Da ist es.«

Plötzlich setzt Stille ein. Nach ungefähr dreißig Sekunden frage ich das erste Mal nach.

»Mama?«

Nach weiteren dreißig Sekunden bekomme ich endlich eine Antwort.

»Hmm …«

»Installiert der endlich, Mama?«

»Noch nicht … ich lese noch.«

»Was liest du denn?«

»Na, die Allgemeinen Geschäftsbedingungen. Was denn sonst?«

»WIE BITTE? Mama, das dauert ewig. Du kannst doch nicht die kompletten AGBs lesen, das macht doch NIEMAND!«

»Ja, und genau daran krankt unsere westliche Zivilisation, Bastian!«

»Stimmt! Was durchs Lesen der AGBs nicht alles vermeidbar gewesen wäre. Kriege, das Oderhochwasser, der elfte September ... Wenn doch nur mal einer die AGBs gelesen hätte!«

»Langsam wirst du frech, junger Mann.«

»Mama, ich hab nicht ewig Zeit, und du bestehst darauf, die AGBs zu lesen. Selbst wenn du es machst und ihnen nicht zustimmen möchtest, ändert das ja nichts daran, dass du das Programm trotzdem installieren musst!«

Nach weiteren drei Minuten Schweigen gibt sie endlich nach.

»Gut, ist installiert. Und jetzt?«

»Öffne es jetzt mal.«

»Wie?«

»Wie, wie? Wie alle anderen Programme auch! Doppelklick!«

»Du hast aber auch gar keine Geduld. Wenn wir immer so wenig Geduld mit dir gehabt hätten ...«

»Mama. Du sollst doch einfach nur den doofen Firefox öffnen, bitte!«

»Ja, ist gemacht. Und wo sind jetzt meine Seiten?«

»Wie, deine Seiten?«

»Ich hab mir doch immer alles gespeichert. Meine Romméetipps, den Gartenberater und ganz wichtig: das Ostseewetter!«

»Die musst du noch mal extra speichern, das ist ja ein neues Programm!«

»Dann kann ich damit nix anfangen.«

»Mann, Mama, das sind doch nur ein paar Seiten!«

»FEEZBUK funktioniert ja auch nicht mehr!«

»Du musst nur deine Accountdaten neu eingeben.«

»Ach, du Heiland! Die hab ich doch gar nicht aufgeschrieben!«

»Warum das denn nicht?«

»Woher soll ich denn wissen, dass man die zwei Mal braucht!«

»Na ja, nicht so schlimm, deine Facebook-Korrigiererei meiner Posts ging mir ehrlich gesagt eh auf den Keks.«

Meine Eltern leiden unter Korrekturentzug, seit sie beide in Rente sind. Nach vierzig Jahren am Rotstift kommt man nicht so einfach davon los, Grammatik zu korrigieren. Das ist ein bisschen wie der kleine Roboter Wall-E, der weiter die Erde in schöne stapelbare Quader aufräumt, obwohl die Menschheit schon lange ausgestorben ist.

»Unverschämtheit. Du baust da auch immer Klöpse ein! Wer nämlich mit h schreibt, ist dämlich. Und dass und das kannst du bis heute nicht auseinanderhalten. Das ist unerträglich!«

»Du hast aber schon länger nichts mehr auf meiner Seite korrigiert!«

Bisher war Mutter mit ihrem unverwechselbaren Profilnamen »Bastians wütende Mutter« faktisch nicht zu übersehen.

»Ha, weil ich ja jetzt auch unter Pseudonym korrigiere!«

»Wie bitte? Dafür hast du dir extra ein neues Profil angelegt?«

»Der Thomas von den Bürskens von nebenan war das. Na? Da staunst du!«

»Ja, beeindruckend. Bist du etwa Maxima Muster?«

»Wie kommst du denn darauf?«

»Erstens: Das Profilfoto zeigt euren alten Hund Adenauer. Zweitens: Das ist das beknackteste Pseudonym seit Harry Hirsch und Lasmiranda Densivillja.«

»Sei doch froh, dass ich diese ganzen Techniksachen überhaupt so kann! Mit deinem Vater wäre es noch viel schlimmer!«

Guter Punkt.

»Da kannst du recht haben.«

»Weißt du, was der letztens probiert hat?«

»Es kann nichts Gutes gewesen sein.«

»Du hast ihm doch mal diesen USB-Stick geschenkt, den er benutzen wollte, damit er seine Fotos im Drogeriemarkt ausdrucken kann.«

»Ja?«

»Der hat nicht funktioniert. Und weißt du, was dein Vater gemacht hat?«

Ich ahne Böses und schweige.

»Dein Vater hat versucht, seinen USB-Stick aufzuladen. In der Steckdose!«

»Das ist eine sehr, sehr schlechte Idee.«

»Na danke, Einstein. Ich muss ja den halben Tag darauf aufpassen, dass der Mann sich nicht selbst ins Jenseits bringt.«

Ich frage mich, wer den Rest des Tages für Papas Überleben sorgt.

»Warum hat er das denn gemacht?«

»Er dachte, die Batterie sei leer, und da hat er den Stick einfach in die Buchse vom Handyladegerät geschoben. Ich weiß doch auch nicht, was manchmal im Kopf dieses Mannes vorgeht, Bastian.«

»Und was ist passiert?«

»Na, was wohl? Funkenschlag, plötzlich machte es ›puff‹ und alle Lichter waren aus.«

»Besser, als wenn es mit Papa ausgewesen wäre.«

»Du sagst es. Dieser Firefox, der muss ja jetzt auch eingerichtet werden. Kommst du vorbei?«

»Mama, dann würde ich hundert Kilometer fahren, weil du die Seite von deinen Rommeéfreunden nicht noch mal abspeichern willst.«

»Ich verspreche auch, dass ich Feezbuk nicht mehr korrigiere!«

»Das wird Facebook sicher freuen. Und mich auch.«

»Also kommst du?«

»In Gottes Namen, ja.«

Kann man für seine Eltern eigentlich auch einen Fehlerbericht senden?

Mein schlimmstes Urlaubserlebnis: Quallen unter sich

Vater sagt, dieses Jahr machen wir Heimaturlaub. Heimaturlaub klingt schlimmer als ein Gastspiel beim Musikantenstadl. Ich bin mittlerweile vierzehn, und meine Eltern behaupten, ich wäre pubertär.

„Ostsee", sagt Vater, und Mutter zeigt sich begeistert. Mit dem Satz „Auch Deutschland hat schöne Ecken" versucht er, mich zu überzeugen, ich lasse mich aber nicht einlullen. Wenn man aus Gelsenkirchen kommt, ist das nämlich eine eher kesse These. Unsere größte Touristenattraktion sind nämlich die Tauben vorm Arbeitsamt, die für Brot eine Choreografie von DJ Bobo tanzen können.

„Da können wir dann auch richtig schön Uno spielen und kniffeln", fügt Mutter als eigenartigen Bonus hinzu. Wenn der Höhepunkt einer Urlaubsreise darin besteht, zweimal drei Karten zu ziehen, ist das ähnlich attraktiv, wie eine Reise nach Kuba mit dem Slogan „Hier gab es mal Atombomben" zu bewerben.

Es geht los. Mutter fährt, Vater liest die Karte. Das klappt seiner Aussage nach ausgezeichnet, auch wenn wir nach zwei Stunden plötzlich wieder an unserer Garage vorbeifahren. Er wollte nur nachsehen, ob wir das Licht angelassen hätten, erklärt Vater. Selbst unsere Deutsche Dogge Adenauer, die neben mir auf dem Rücksitz Platz genommen hat, schaut mich fassungslos an.

Nun liest Mutter die Karte, und Vater fährt. Ein recht heikler Plan, denn mein Vater fährt wie ein blin-

der Metzger mit Klumpfuß. Sein Kopf hängt während der Fahrt sehr angestrengt über dem Lenkrad, und er nimmt an jeder zweiten Ampel seine Kontaktlinsen raus, besabbert sie und prokelt sie sich anschließend wieder ins Auge.

Wir spielen „Ich sehe was, was du nicht siehst", und Vater eröffnet mit: „...und das ist gold." Mutter und ich raten uns durchs komplette Mobiliar unseres Wagens, bis Vater nach einer halben Stunde auflöst: „Eine goldene Zukunft." Mutter und ich sind genervt und erklären, dass er das Spiel offensichtlich nicht verstanden hat. Adenauer neben mir ist offenbar auch verärgert. Er lässt plötzlich einen so bestialischen Chinaböller von Furz los, dass fast die Fenster aus den Autotüren fliegen. Wenn jetzt jemand ein Streichholz anzündet, sind wir in sechs Sekunden an der Ostsee ... oder auf dem Mond.

Vater verbietet, die Fenster runterzukurbeln, er bekomme vom Fahrtwind Ohrensausen. Ich versuche, mir die Kanten von einem „Was ist Was?"-Buch über Vögel in die Nase zu schieben. Mutter schiebt aus Verzweiflung eine Kassette nicht in ihre Nase, sondern ins Autoradio.

Plötzlich ertönen die vertrauten Anfangsakkorde eines der schlimmsten Lieder aller Zeiten aus dem Autoradio. Glöckchen klingen, Zuckerguss schmalzt, dann fängt der frisch frisierte George Michael an, „Last Christmas" zu stöhnen.

„Gute Laune ist, was man daraus macht", kommentiert Vater die musikalische Untermalung und summt mit.

Jetzt fahren wir eingelegt in Doggenfurz zu Weihnachtsmusik die A1 herunter. Wie sich herausstellt, ist auf der Kassette nur „Last Christmas", allerdings in zwei unterschiedlichen Versionen. Einmal mit Discobeat, einmal gesungen von den Fischer-Chören. Ich hoffe, dass Adenauer gleich so einen Furz lässt, dass uns das Gas mit einer Stichflamme durchs Autodach schießt.

In Kellenhusen angekommen, gehen wir gleich ans Meer. Dort sitzen dicke Omas mit Krampfadern in bunten Strandkörben und reiben sich gedankenverloren Deoroller unter die haarigen Achseln.

Mutter packt das Kniffelset aus, die Hälfte der Würfel fällt direkt in den Sand. Weg. „Dann halt ohne Straßen", stellt sie fest, was das Spiel nicht unbedingt attraktiver macht.

Vater und ich gehen ins Meer. Es ist kalt.

Wie immer redet Vater auch das Eisbad schön. Wenigstens gebe es hier keine Haie. Ich wende ein, dass dies eindeutig für die Intelligenz dieser Tiere spreche.

Plötzlich lässt Vater einen Urschei los und springt mit schmerzverzerrtem Gesicht aus dem Wasser. An seiner Wade klebt eine rote Feuerqualle. Mit hochrotem Kopf schwingt er sein Bein durch die Luft und sieht dabei ein wenig aus wie ein Wettkampftänzer. Die Qualle löst sich, fliegt in hohem Bogen durch die Luft und landet zielsicher auf meinem Bauch. Erstaunlich, was so ein roter Glibber mit Armen für Schmerzen erzeugen kann. Jetzt schreie auch ich wie ein Irrer, während Mutter uns von ihrem Strandkorb aus selig zuwinkt. Irgendwie haben wir da einen Knick in der Kommunikation.

Vater und ich rennen wie eine Truppe heulender Hunnen den Strand entlang, die Quallenbegegnung tut fast mehr weh als fünf Stunden „Last Christmas".

„Sohn, du musst mich anpinkeln", befiehlt Vater, was mir doch reichlich unpassend erscheint. „Das lindert den Schmerz", erklärt er und macht sich daran, mich anzupinkeln. Wir haben definitiv einen neuen Höhepunkt in unserer zwischenmenschlichen Beziehung erreicht. Dann pinkle ich Vater im Gegenzug an. Wie im Herrenklo in der Blindenschule. Schlussendlich kommt auch noch Adenauer und pisst uns fairerweise beide an.

„So etwas nennt man in der Physik ein geschlossenes System", erläutert Vater und lacht. Ich höre nur „Geschlossene" und finde, das passt recht gut zu uns.

Ich denke, dass das Gesamtbild doch etwas eigenartig wirken muss. Vater pisst auf Sohn, Sohn pisst auf

Vater, Hund pisst auf beide. Vater sagt, dass man so was wie uns in Florenz auf einen Brunnen stellen würde.

Mutter kommt herangerannt und hält ein Handtuch vor uns. Wir sind erst zwei Stunden an der Ostsee, aber die ersten alten Damen beginnen schon damit, in ihre Strandkörbe zu kotzen.

Wir mieten einen Strandkorb. Nach unserem Pinkelmassaker sind einige frei geworden, da die Deorollerdamen laut schimpfend das Weite gesucht haben.

Vater und ich spielen Strandball. Zwei Schläger, ein dumpf klingender Gummiball, weniger Spaß als auf der eigenen Bar Mizwa. Das sinnloseste Spiel der Welt. Es gewinnt der, der vor Langeweile zuerst einen Krampf bekommt. Ich gewinne und liege winselnd am Boden. Ich kann gerade noch verhindern, dass Vater den Schmerz durch Anpinkeln behandelt.

Unsere Pension heißt „Zum alten Seemann" und riecht auch so. Das Zimmer verfügt über ein Hochbett und ein Babybett. Vater sagt, dass er mich als Neugeborenes angemeldet hat, da diese kostenlos übernachten dürfen. Das Kinderbett ist so klein, dass ich nur im Sitzen schlafen kann.

Vater sagt, im Sitzen zu schlafen sei im Mittelalter völlig normal gewesen.

Ich halte dagegen, Vatermord wäre im Mittelalter auch recht normal gewesen.

Jetzt schlafen meine Eltern Löffelchen im oberen

Bettteil, ich liege allein im unteren Teil des Hochbetts, und Adenauer schnarcht im Kinderbett.

„Traumwetter", sagt Vater, als er die Gardinen zur Seite zieht. Aber nur für Sumpfpflanzen, finde ich. Es sind fünf Grad und Regen. Außerdem Wind, sehr viel Wind. Vater möchte mit mir einen Schnupperkurs in der Windsurfschule belegen.

Unser Surflehrer heißt Tobi, ist braun wie eine Walnuss und berufsbedingt dauerbegeistert.

Mutter und Adenauer sitzen im Strandkorb, frieren sich die Ohren ab und schauen mir und Vater zu, wie wir uns tollkühn in die Wellen werfen.

Doch dann erklingt aus der Richtung meines Vaters wieder ein spitzer Schrei.

Viele Leute behaupten ja, mein Vater wäre ein verdrehter Typ. Seit heute trifft das auch im wörtlichen Sinne zu. Jedenfalls für seinen Fuß.

Tobi sagt, dass er noch nie erlebt hat, dass sich jemand beim Surfen so eine absurde Verletzung zugezogen hat. Vater grinst stolz.

Wir fliegen im ADAC-Hubschrauber nach Hause. Vater lacht die ganze Zeit, weil das Morphium so gut wirkt. Mutter lacht auch, aber ohne Morphium. Als ich sie frage, warum sie sich so freut, antwortet sie nur trocken, dass sie hier immerhin „Last Christmas" nicht hören kann.

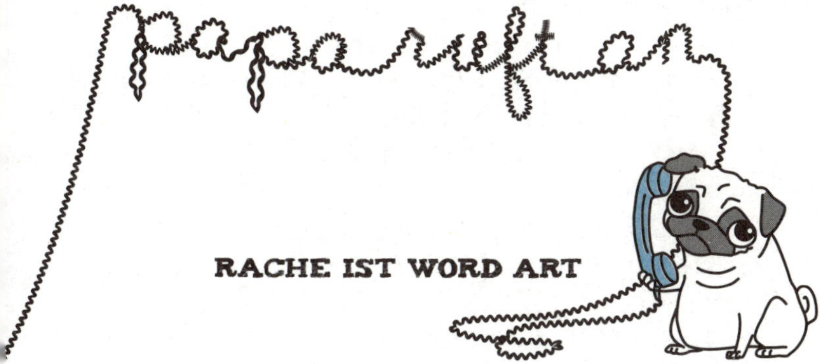

RACHE IST WORD ART

Hallo, Sohn.«
»Hallo, Papa.«

Das ist schon mal ein reichlich unspektakulärer Gesprächsanfang, das verheißt nichts Gutes.

»Ich bräuchte mal deine Hilfe.«

»Suprise, suprise.«

»Was soll das denn heißen?«

»Nichts, ich helf dir natürlich gerne.«

»Du kannst doch diese Computersachen so gut. Kannst du auch so Internet machen?«

»Internet machen? Was soll das heißen, Papa?«

Ich muss spontan an »Groß machen und klein machen« denken, verschweige ihm diese Assoziation aber lieber.

»Meine Güte! Kannst du so Seiten machen?«

»Internetseiten?«

»Nein … Gitarrensaiten, Bastian. Hör mal, bist du schwer von Begriff?«

»Mal nicht frech werden hier.«

»Ich will eine Seite für unseren Verein machen lassen, aber das ist ja irre teuer!«

»Was für ein Verein denn?«

»Den VBL.«

»Den Verein betrunkener Lastwagenfahrer?«

»So ein Blödsinn! Der Verein der berenteten Lehrer.«

»Nennt ihn doch ›PISY‹.«

»Warum denn das?«

»Pädagogen im Standby. Du kannst dann stolz behaupten, der PISY-Vorsitzende zu sein.«

»Lachst du etwa? Hallo?«

»Nein … alles gut …«

»Oder noch besser: Nennt euch doch ›POL‹. Pauker ohne Lehrplan!«

»Könntest du jetzt mal aufhören!? Sonst zeige ich Nadja nächstes Mal Bilder von deinen eigenen Vereinstätigkeiten!«

Ich verstumme. Das wäre noch deutlich schlimmer als die Bilder von Basti, der platzenden Pellrobbe aus dem Kinderzirkus Fridiolin.

»DAS WÜRDEST DU NICHT WAGEN!«

»Natürlich, ist alles dokumentiert. Ingrid, komm mal … Wir würden beispielsweise mit ›Basti dem Vereinsfußballer‹ anfangen.«

»Wie gemein!«

»Herrliche Fotos. Du warst acht Jahre alt und hattest keine Ahnung von Fußballregeln. Wegen deiner Größe haben sie dich aber in die Gruppe der älteren Kinder gesteckt. Und was hast du dann gemacht? … Ingrid, was hat er gemacht?«

Mutter ist im Hintergrund schon wieder am Gackern. Mein Einsatz als Torwart des FC Rotthausen hat damals Vereinsgeschichte geschrieben. Mutter scheint den Vorfall wohl ebenfalls nicht vergessen zu haben.

»Er ist aufs Klo gegangen! Während des Spiels!«

Vater kugelt sich vor Lachen.

»Ich weiß das schon auch noch …«

»Und dann habt ihr 25:2 verloren. Mit vier Eigentoren durch dich, weil du den Ball hast fallen lassen und er dir ins Tor gerollt ist!«

»Ja, ja.«

»Und der Trainer hat nachher gesagt, sie haben weniger Tore in der Zeit kassiert, in der du auf dem Klo warst.«

Meine Mutter bekommt im Hintergrund fast Atemstillstand vor Lachen.

»Willst du jetzt Hilfe mit deinem blöden Verein oder nicht?«, versuche ich ein Ablenkungsmanöver.

»Oder beim Taekwondo.«

»Muaaahhhaaa«, kommentiert meine Mutter mit wieherndem Lachen jene kurze Phase in meiner Grundschulzeit, in der es aus unerfindlichen Gründen total angesagt war, Selbstverteidigungskurse zu belegen. Alle Kinder machten plötzlich Judo oder »Tekranweg«, wie wir Taekwondo wegen seiner defensiven Ausrichtung nannten. Eigentlich ein ziemlich luftleeres Spektakel: Man stand in einer Art weißem Badeanzug in einer muffigen Turnhalle und ließ sich von einem Mann namens Branimir oder Dragan erklären, wie man jemand anderen möglichst effektiv umbrachte. Bei einer Kindheit in Downtown Gelsenkirchen konnte das sicher nicht schaden.

»Wir mussten sogar zu den Eltern von deinem Trainingspartner fahren und uns entschuldigen.«

»Hä ... warum?«

»Weil du den armen Jungen wie ein Tetra Pak zusammengefaltet hast. Wie hieß der noch mal, Ingrid?«

»Jonas Bolzer!«

»Genau! Wir mussten bei den Bolzer-Eltern Abbitte leisten. Das war vielleicht peinlich. Die hatten so einen Fliesentisch, erinnerst du dich?«

»Ich hab keine Ahnung, wovon ihr redet.«

»Der Jonas Bolzer war genauso alt wie du, aber nicht so ein Riesenbaby. Der wog vielleicht die Hälfte von dir!«

»Und?«

»Und dann hat euer Taekwondo-Lehrer mit dem unausprechlichen Namen gesagt, ihr sollt euch mal kabbeln, damit er sich einen Eindruck von eurer Körperbeherrschung machen kann.«

»Oje …«

»Und dann hast du dich auf den armen Jonas gesetzt wie ein Lama auf eine Ameise! Als sie ihn unter dir rausgezogen haben, war der schon ganz blau. Das war es dann auch mit Taekwondo. Du hattest ja noch nicht mal deinen ersten Gürtel errungen.«

»DER HÄTTE IHM JA EH NICHT GEPASST«, jodelt Mutter im Hintergrund. Schön, dass ich zur Erheiterung beitragen kann.

»Und noch schöner war's, als du im Tennisverein warst.«

»HÄÄÄÄÄRRLICH!«, brüllt Mutter.

»Jetzt hört aber mal auf.«

»Der Tennislehrer hat gesagt, so was habe er noch nie gesehen … so eine Ausnahmebegabung …«

»Ach was?«

»Ja … aber wegen deiner Begabung zum Zuschauen. Du hast dich bei allen drei Tennisstunden, die wir großzügig finanziert haben, verletzt. Beim erstem Mal sogar beim Platzfegen. Die mussten dich aus dieser doofen Reuse ziehen, während du geschrien hast wie am Spieß.«

»Okay … ich breche jetzt ab.«

»ICH AUCH«, brüllt Mutter, »ABER VOR LACHEN!«

Selten habe ich meine Eltern in so reger Begeisterung über mein Versagen erlebt.

»Bastian, bevor du auflegst ... kannst du dann mal gucken ... der Gisbert, dein alter Englischlehrer, hat eine Seite für unseren Verein gebastelt. Aber ich habe das Gefühl, die könnte etwas altbacken sein«, schnorrt mich mein Vater tatsächlich noch mal an.

Bei »der Gisbert« ploppen sofort Erinnerungen an meinen Englischlehrer auf. Er trug stets ein Karosakko aus hundert Prozent Polyester, verteilte daher unentwegt Stromstöße (wir nannten ihn auch Gisbert, den elektrischen Aal) und aß während der Unterrichtsstunde Bananen, die er dann beim Sprechen stückchenweise in die ersten drei Reihen spuckte. Ich bin mir recht sicher, dass er noch den Eintrag im *Guiness-Buch der Rekorde* für das am weitesten gespuckte Stück Banane hält. In dem Fall traf es Tina Schubert, die in der letzten Reihe saß und von dem halb zerkauten Stück Südfrucht fast von ihrem Stuhl geblasen wurde.

Diesmal muss ich meinem Vater recht geben: Ich kann mir ebenfalls nicht vorstellen, dass dieser Mann, den man im Lexikon als personifiziertes Saarland beschreiben würde, in der Lage ist, hippes Webdesign zu betreiben.

»Geh mal auf die Seite, Sohn, vielleicht hast du ja ein paar Verbesserungsvorschläge. Warte, ich sag dir schnell die Adresse. ... WEEEWEEEWEEE ...«

»Das kannst du weglassen!«

»Was?«

»Das WEEWEEWEE, so ziemlich alle Internetadressen der Welt fangen damit an, Papa.«

»Toll, Bastian! Für jemanden, der, bis er zwölf war, geglaubt hat, Roulade und Rollladen würde man gleich aussprechen, weißt du aber ganz schön Bescheid!«

»Ist ja gut. Also sag weiter an.«

»Also: vbl-dieendbosse.de.«

»Die Endbosse? Ernsthaft?«

»Lustig, oder? Das war mein Vorschlag.«

»Sehr lustig, Papa. Ich öffne jetzt mal die Seite.«

Was sich da Pixel für Pixel auf meinem Bildschirm aufbaut, sieht aus wie der feuchte Traum eines Informatiklehrers. Aber aus dem Jahr 1989! Die Frontseite begrüßt einen mit hineinfliegenden Word-Art-Buchstaben in Regenbogenfarben, untermalt vom knarzigen MIDI-Sound einer Tonfolge, die an die Titelmelodie der Serie *Das A-Team* erinnert. Plötzlich fliegen auch noch die schlecht freigestellten Köpfe der Vereinsmitglieder ins Bild und drehen sich anschließend hüpfend um die eigene Achse.

Über eine Leiste kann man die verschiedenen Unterpunkte der Seite erreichen. Und jedes Mal, wenn man mit dem Mauszeiger auf einen Punkt kommt, erklingt das durchdringende Geräusch einer Schulklingel. Zudem bringt die offenbar von Fred Feuersteins Cousin programmierte Seite den Bildschirm meines nagelneuen Notebooks so zum Flackern, dass man damit bei einem Opossum epileptische Anfälle auslösen könnte.

Kurz gesagt, die Seite ist eine komplette Katastrophe. Gisbert hat zielsicher das gemacht, was ich von ihm erwartet hatte. Nur ohne Banane.

»Und, wie findest du sie?«, fragt Vater gespannt.
»Ist doch toll, Papa … wirklich klasse!«
»Hast du die reinfliegenden Köpfe gesehen?«
»Ja, hab ich, fantastisch …«
»Also muss man daran nichts mehr machen?«
»Ich bin mir ganz sicher, sagen zu können, dass man an dieser Seite nichts mehr verbessern kann, Papa!«

Strafe muss sein. Ein Stein vergisst nie.

ER SAGT, SIE SAGT

Ich mache Kniebeugen vor dem Sofa. Man will sich ja schließlich fit halten.

Was machst du denn da?

Frühsport!

Aha.

Mein Körper ist ein Tempel.

Es will nur keiner drin beten …

Unfassbar, diese Frau.

(Handgemenge)

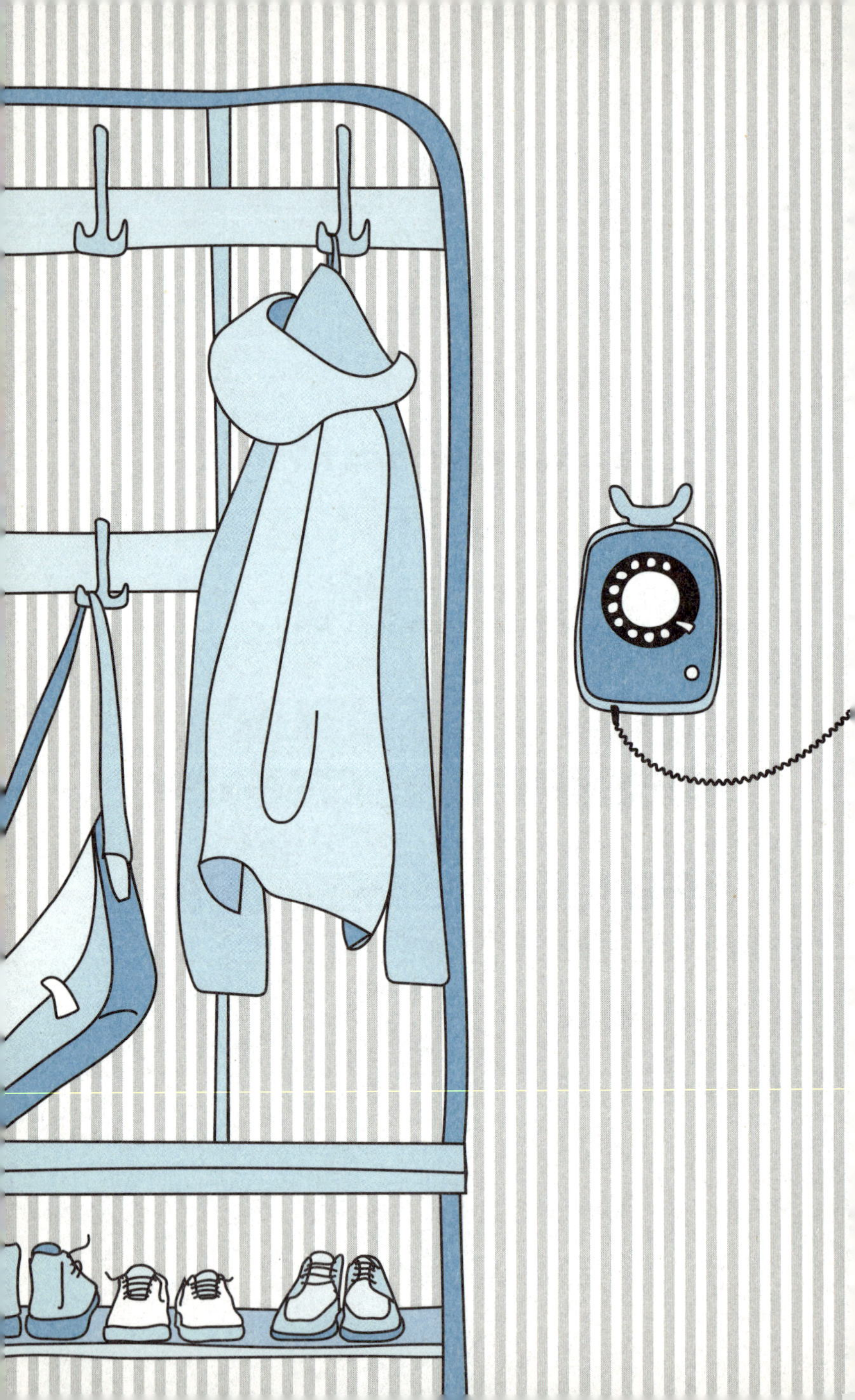

HOCHGEBOCKT

Huhu, Bastilein!«

»Ja, Mama … ich kann gerade nicht … ich bin in einem Geschäftstermin.«

»Was denn für ein Geschäftstermin? Du arbeitest doch gar nichts!«

»Doch, Mama. Ich bin Autor.«

Im Hintergrund sagt eine Frauenstimme: »Tue weh? Isse verspannt, jaaa.«

»Du bist bei der Thaimassage!«, schlussfolgert Mutter messerscharf.

»Gar nicht«, versuche ich noch davon abzulenken, welche Vorteile so ein Autorenleben dann doch hat.

»Ich hab doch die Frau gehört! Bei was für einem Geschäftstermin wird man denn gefragt, ob einem was wehtut? Bei einem Vorstellungsgespräch mit Inkasso Moskau?«

»Ist ja gut. Ich bin bei der Massage!«

»Typisch. Nadja ist bestimmt gerade richtig beim Arbeiten!«

Ich brumme zustimmend.

»Mama, kann ich mich nicht nachher melden? Was ist denn los?«

»Dein Vater hat mal wieder Mist gebaut, Sohn.«

»Aha!«

Mein »Aha!« drückt allerdings keine besondere Überraschung aus, sondern ich nehme Mutters Ankündigung, Vater habe sich (und damit uns) mal wieder in was reingeritten, lediglich zur Kenntnis.

Denn die Tatsache, dass mein Vater faktisch kaum geschäftsfähig, geschweige denn alleine lebensfähig ist, müsste allen Familienmitgliedern längst bekannt sein. Mein Vater ist hochintelligent, sehr gebildet – aber wenn Mutter ihm morgens nicht die Hosen rauslegen würde, bände er sich wahrscheinlich das Betttuch um und würde sich allein von Dosenravioli und Knuspermüsli ernähren. Mit seiner Verkopftheit segelt er immer selig an der Gegenwart und den Problemen anderer Menschen vobei und winkt ihnen dabei hin und wieder freundlich zu.

»Was ist denn passiert? Kann das nicht bis nachher warten?«

»Eher nicht, der Mechaniker wirkte nicht sehr entspannt.«

»Welcher Mechaniker denn?«

»Von der Werkstatt!«

»Welche Werkstatt? … Mama, kann das nicht bis nachher warten?«

»Ich hätte aber gerne unseren Wagen zurück … und deinen Vater auch.«

»Hä?«

»Deinen Vater … du weißt doch, wer das ist.«

»Wohl ja, Segelohren lügen nicht. Wo ist Papa denn?«

»Im Auto.«

»Dann ist doch gut!«

»Geht so, das Auto steht noch auf dem Gelände der Werkstatt.«

»Warum fährt er es denn nicht nach Hause?«

»Es hat keine Reifen.«

»Mama, bitte fang noch mal von vorne an, dann verstehe ich das Problem vielleicht endlich!«

Langsam wird Frau Rung, die auf meinem Rücken hockt und meine Nackenhaut zu einer ledrigen Masse aufgetürmt hat, etwas unentspannt.

»Nix Telefon hier eigentlich«, zischt sie und schiebt eine Kugel aus Haut und Muskeln über meinen Rücken.

»Ja … ich bin ja gleich … Mama, was heißt das, Papa sitzt noch im Auto und hat keine Reifen dran?«

»Dein Vater hat den Wagen dort zur Inspektion gegeben. Die haben wohl Sachen gefunden, und es ist teurer geworden als erwartet. Er will das aber nicht bezahlen.«

»Ja, dann soll er den Wagen doch einfach zu einer anderen Werkstatt bringen!«

»Wenn das so einfach wäre! Der Wagen ist noch auf der Hebebühne und hat keine Reifen … und dein Vater hat sich darin eingeschlossen.«

»WIE BITTE?«

»RUHISCH!«, zischt Frau Rung und schiebt zur Strafe meine Bandscheiben zusammen, als wäre mein Rückgrat nur ein sehr schwer zu lösendes Jenga.

»Du weißt doch, wie dein Vater sein kann!«

Ja, das weiß ich. Wäre mein Vater UN-Botschafter, würde er wahrscheinlich selbst Tibet dazu bekommen, einen Atomkrieg zu starten. Dort, wo bei anderen Menschen im Gehirn der Sinn für Diplomatie verortet ist, hockt bei meinem Vater nur ein kleiner alter Mann mit Hut, der sich mit gestreckten Mittelfingern im Kreis dreht. Und wäre das nicht schon genug, kommt in ganz dunklen Stunden auch noch sein Geiz hinzu. Zu behaupten, mein Vater wäre sparsam, wäre schlichtweg eine Lüge. Würde Atmen Geld kosten, würde Vater mit vollem Konto nach Luft japsend umfallen.

»Und was soll ich jetzt machen?«, frage ich und riskiere dabei einiges, denn Frau Rung steht nun aufrecht auf meinen Schulterblättern und schimpft leise vor sich hin.

»Das weiß ich doch nicht, vielleicht kannst du ja

mal mit ihm sprechen und ihn zur Vernunft bringen!«

Das ist doch mal ein Arbeitsauftrag. Lieber befriede ich den Nahen Osten oder begrüne die Wüste Gobi mit einem Spaten und einer Gartenharke.

»Rufst du ihn bitte an, Schätzchen?«

»Ja, ja, ja ... mache ich«, verspreche ich meiner inzwischen recht verzeifelt klingenden Mutter und lege auf.

Ich wähle Vaters Handynummer, und statt des Tutens erklingt die Melodie von *Born to be Wild.* Er verzweifelt an einer Klospülung mit Stoppfunktion, aber das bekommt er eingestellt, denke ich, als ich plötzlich ein Schmatzen in der Leitung höre.

»Sohn, es ist gerade unpassend«, gibt sich Vater erstaunlich wortreich. Eigentlich sind die ersten zwei Minuten des Gesprächs für ihn nur zum Atmen da.

»Ich weiß, Mama hat mir schon alles erzählt.«

»Deine Mutter wieder, das ist hier halt ein Konflikt, aber das lässt sich lösen«, sagt Vater.

»Ja, aber du löst es durch den Dritten Weltkrieg«, sage ich und höre im Hintergrund eine fremde Männerstimme, die »Mach die beschissene Tür auf, Alta!« ruft.

»Sohn, hier handelt es sich um einen Fall der Vortäuschung falscher Tatsachen. Den genauen Paragrafen schlage ich nach, wenn ich wieder zu Hause bin.«

»Wenn, Papa, wenn. Andernfalls landest du vielleicht auch auf einem brennenden Reifenstapel.«

»Das wäre dann Totschlag, Sohn, da kenne ich den Paragrafen sogar auswendig!«

»Was ist denn überhaupt das Problem, Papa?«

»Sie haben die Hupe repariert. Gegen meinen Wunsch!«

»Was heißt denn hier gegen deinen Wunsch?«

»Die war nicht wirklich kaputt. Sie hat nur ab und zu überraschend gehupt, wenn es zu warm wurde.«

»Wie bitte?«

»Ich weiß doch auch nicht! Offensichtlich haben deine Mutter und ich die einzige wetterfühlige Hupe der Welt.«

»Aber dann ist es doch gut, dass die das behoben haben!«

»Ich weiß nicht, irgendwie habe ich mich so an das durchgehende Hupen gewöhnt! So besteht wenigstens nie die Gefahr, dass jemand unseren Wagen übersieht.«

»Du meinst wohl überhört!«

Jetzt verstehe ich auch, warum mein Vater mich noch nie aus dem Auto heraus angerufen hat. Wenn er in seinem plärrenden Pädagogenpassat durch Gelsenkirchen juckelt, klingt das Auto offensichtlich, als wäre H. P. Baxxter mit dem Kopf aufs Keyboard gefallen!

»Und was soll die Reparatur der Hupe kosten?«

»32,50 Euro.«

»Papa! 32,50 Euro? Das ist doch wirklich kein Geld!«

»Das sind fast 100 D-Mark!«

»Ja, oder zwei Milliarden Reichsmark! Und was das erst in Rupien ist! … Hör mal, spinnst du?«

»Für eine Hupe, Bastian! Das ist es nicht wert!«

»Das ist doch egal! Willst du etwa den Rest deines Lebens mit einer dauerhupenden Hupe durch die Gegend fahren?«

»Das ist auch ganz angenehm. Seitdem habe ich keine Angst mehr vor Wildunfällen, Bastian.«

Wildunfälle? Meine Eltern leben in Gelsenkirchen. Die größte Gefahr geht da wohl eher von zweiköpfigen Ratten aus.

»Papa! Du kannst ja jetzt nicht den ganzen Tag auf dem Gelände der Werkstatt hocken.«

»Na, ich kann das Auto ja wohl schlecht zurücklassen, Sohn.«

»Bezahl einfach die Scheißsumme!«

»NIEMALS!«

»DOCH!«, brülle ich. Langsam kommt richtig Stimmung auf im Massagestudio.

»NIEMALS!«, wiederholt Vater.

Ich muss einsehen, das führt so zu nichts. Wenn wir ihn nicht irgendwann skelettiert aus dem Passat ziehen wollen, muss ich mir was einfallen lassen.

»Gib mir bitte mal den Besitzer von der Werkstatt.«

»Warte …«

Ich höre, wie Vater das Fenster einen Spaltbreit runterkurbelt und das Handy weiterreicht.

»Jo!«, bellt es mich durchs Telefon an. Der Mann ist offensichtlich ähnlich genervt wie ich.

»Wer ist da, bitte?«

»Masud! Was ist mit diesem Mann?«

»Das ist mein Vater.«

»Mein Beileid. Is der behindert oder was?«

Im Hintergrund höre ich, wie Vater »Ich bin Oberstudienrat!« durch den Spalt des Autofensters ruft.

»Na ja, das ist Auslegungssache. Mein Vater ist ein wenig speziell.«

»Hab isch auch schon gemerkt, dass der 'n Otto ist. Er will einfach nisch bezahlen wegen eine behinderte Hupe!«

»Kann man die Hupe nicht einfach wieder in ihren Urzustand versetzen?«

»Sischa! Kostet dann aber noch mal 32,50 Euro für Ein- und Ausbau.«

»Ähmm … nee, das ist nicht optimal.«

»Was heißt hier optimal? Dein Vadda is nischt optimal!«

So treffend wie Masud hat selten jemand diesen evidenzbasierten Fakt verbalisiert.

»Und wenn ich später komme und Ihnen das Geld gebe? Lassen Sie meinen Vater dann gehen?«, frage ich und merke selbst, dass das klingt, als würde ich mit dem IS über eine Geiselübergabe verhandeln.

»Sischa. Macht dann 422,86 Euro.«

»WIE BITTE ? Sie sagten doch gerade 32,50 Euro!«

»Für die Hupe, Junge. Rest is Inspektion, Reifenwechsel und Sonderpauschale.«

»Was denn für eine Sonderpauschale?«

»Weil dein Vadda mir seit zwei Stunden die Werkstatt blockiert! Isch kann keine Kunden bedienen wegen dem Vogel auf der Hebebühne.«

»Der Vogel auf der Hebebühne« ist ein schöner Titel, ein bisschen wie *Die Katze auf dem heißen Blechdach*. Sollte Vaters Leben je verfilmt werden, haben wir jetzt immerhin schon mal einen Titel.

»Ich glaube nicht, dass diese Sonderpauschale rechtens ist.«

»Rechtens? Alter, bissu auch behindert? Was is hier rechtens?«

»Okay, hören Sie zu. Ich komme, zahle das, und Sie schrauben meinem Vater die Reifen wieder dran.«

»Mach mal! Aber yallayalla. Isch hab kein Bock mehr.«

In diesem Moment stellt sich Frau Rung mit erhobenen Händen vor mich und sagt: »Ich kanne sooo nich arbeite!«

Damit wäre die Massage wohl pünktlich zu Ende, um mal wieder meinen Vater zu retten. Ich ziehe mich an und springe in die Bahn. Nach einer halben Stunde stehe ich vor der Werkstatt. Ein Bild für die Götter: In der Mitte einer recht spärlich beleuchteten Hütte steht Papas Passat auf zwei Meter hochgebockt, darin sitzend mein Vater, der an einem Müsliriegel kaut. Er war offensichtlich nicht unvorbereitet zu seiner Belagerung aufgebrochen. Vor dem Wagen stehen drei muskelbepackte Männer in Blaumännern, die mich finster anschauen. Masud und die Jungs sehen aus, als wären sie kurz davor, Vater samt dem Passat in die Luft zu jagen. Vor meinem inneren Auge erscheinen bereits Bilder einer Explosionswolke aus Müsliriegelresten und Vaters Pädagogencordhose, die durch das Werkstattdach aufsteigt.

»Ist dein Vadder behindert?«, eröffnet Masud. Ich dachte, den Punkt hätten wir bereits geklärt, deshalb schüttle ich den Kopf und ziehe wortlos meine EC-Karte. Danach steht Vater aber so was von in meiner Schuld, denke ich, während Masud genervt die Zahlen in sein Lesegerät eingibt.

Als alles geklärt ist, machen sich die Männer daran, Vater wieder die Reifen an den Wagen zu schrauben. Er winkt derweil heiter von seinem Fahrersitz zu mir herunter. Aus einem mir unerfindlichen Grund empfindet er das Ganze wohl als Sieg, wahrscheinlich weil ich die Rechnung übernommen habe.

»Siehst du, Sohn, alle Probleme sind lösbar«, sagt Vater hinterher wie ein Markus Lanz im Diplomatenmodus und tut so, als hätte er gerade Frieden im Nahen Osten ausgehandelt, dabei hat er außer dem Verzehr von Müsliriegeln in unbekannter Zahl nichts zur Deeskalation beigetragen.

»Als Dankeschön fahre ich dich jetzt auch nach Hause!«, schiebt er gönnerhaft hinterher.

Ich übernehme lieber das Steuer und schiebe meinen Vater auf den Beifahrersitz. Die Gesamtsituation hat ihn so aufgeregt, dass er noch schneller als Tempo 30 fahren könnte, das will ich nicht riskieren – so ganz ohne Dauerhupe.

»Musste das wirklich sein, Papa?«

»Die Welt ist ein unwirtlicher Ort, Sohn. Wenn man seine Rechte nicht selbst einfordert, tut es auch kein anderer.«

»Aber so ein Brimborium wegen 32,50 Euro!«

»Es geht ums Prinzip!«, sagt er und klingt damit wie eine Kopie von Nadja, die auch einen von ihr angezettelten Staatsstreich mit dem Satz begründen würde: »ES GING UMS PRINZIP!«

»Na ja ... wenigstens funktioniert jetzt alles wieder«, sage ich und tätschele erleichtert das Armaturenbrett, was der Wagen unvermittelt beantwortet. Mit einem lauten und durchdringenden »MJJÄÄÄÄÄ«.

Die Hupe ist offensichtlich wieder kaputt. Jetzt fahren mein Vater und ich wie der kleinste Karnevalszug der Welt trötend durch unsere Heimatstadt Gelsenkirchen. Auch ohne Kostümierung fühle ich mich gerade definitiv wie ein Clown.

»Woher kommt dieses Geräusch?«, fragt Vater allen Ernstes in das laute Plärren unseres Passats hinein.

Unglaublich, dieser Mann.

WENN DER SOHNE MIT DEM VATER …

Norbert Gallenreiter winkt aus seinem Vorgarten, als wir in die Straße meiner Kindheit einbiegen. Es ist der freundliche Gruß eines Mannes, der in Birkenstocks und Tchibo-Regenjacke auf seinem sorgsam geschnittenen Rasen steht und gerade ertrunkene Nacktschnecken aus einem Senfglas voll Bier fischt.

Kaum etwas hat sich dort seit meiner Jugend geändert. Die Hausdächer sind ebenso wie ihre Bewohner etwas angegraut, das alte Schild der rot gepflasterten Spielstraße steht schief im Unkraut, und der Himmel ist kurz davor, ein Sommergewitter zu erbrechen.

Ich habe Kuchen gebacken. Was bedeutet, dass Nadja Kuchen gebacken hat und ich den Teig umrühren durfte. Anderweitige Experimente haben sich in den letzten dreizehn Jahren unserer Beziehung stets als Fehlschlag erwiesen. Entweder hab ich die Sahne nicht steif bekommen, die Gelatine vergessen oder die Zitronentarte so sauer gemacht, dass man damit selbst russische Seemänner lustig bekommen hätte.

Otto steht bereits auf Nadjas Schoß und starrt aus dem Fenster. Keine Ahnung, ob es der Geruch ertränkter Nacktschnecken, das Laufmuster des Asphalts oder die allgemeine Angespanntheit im Auto ist, die ihm schon lange vor unserer Ankunft unser Ziel verraten haben.

Er freut sich. Endlich wieder mit Maja über die Wiese tollen und schräge Anbahnungsversuche wagen, die von Maja konsequent abgewehrt werden, die nicht nur dreimal so groß, sondern auch doppelt so schlau ist wie Otto. Eine Oma auf der Hundewiese fasste das mal mit der schönen Ruhrpottweisheit zusammen: »Wenn der kleine Riemige da beigehen will, muss er sich vorm Fickerchen aber ma 'ne Leiter kaufen!«

Trotz dieses Handicaps ist der Gigolo-Mops auf Nadjas Schoß in heller Aufregung, als die Autotür sich öffnet. Meine Eltern stehen bereits vor dem Haus Spalier, während ich den Kuchen aus dem Kofferraum hole.

»Kuchen?«, fragt Mutter kritisch und beäugt das runde Ding in meiner Hand.

»Ja, hat Nadja gebacken«, sage ich, was meine Eltern mit einem »Gott sei Dank« quittieren.

Als wir das Haus betreten, steht da schon Maja und schaut uns mit ihren dunkelgelben Augen erwartungsvoll an.

»Wir haben jetzt endlich herausgefunden, wer Majas Eltern waren«, sagt Mutter und zeigt auf ein Schreiben auf dem Tisch.

Ahnenforschung bei Straßenstreunern, wie Maja es noch vor einem Jahr war, gestaltet sich gemeinhin ziemlich schwierig, weil nur die wenigsten Hunde Familienchroniken führen und alte Bilderalben mit Fotos von Opas Zeit im Krieg im Schrank haben. Vor meinem inneren Auge taucht eine dieser gruseligen RTL-Gestalten auf, die zur Primetime verschollene Verwandte suchen und diese dann unter Rotz und Tränen wieder vereinen, pünktlich zur nächsten Werbepause.

»Ist das ein DNA-Test?«, fragt Nadja und nimmt das erstaunlich umfassende Schreiben zur Hand.

»Ja klar, ein DNA-Profil für einen Hund. Wo sind wir denn … bei CSI Rottweil?«, sage ich und sehe meine Liebste kritisch an. Das wäre selbst für meine Eltern zu schräg.

»Genau das ist es!«, widerlegt meine Mutter meine Gedanken.

»Man kann einfach Speichel einschicken, und schon weiß man, woraus sein Hund besteht«, sagt Mutter, als wäre es das Normalste der Welt.

»Woraus Otto besteht, wissen wir schon«, sage ich. »Der ist fünfzig Prozent Mops, dreißig Prozent Ferkel und zwanzig Prozent fauler, alter Mann mit Hunger«, ergänze ich.

Aber anstatt zu lachen, sagt Mutter nur »Du wieder« und legt das DNA-Profil auf den Tisch.

»Ihr glaubt ja eh nicht, woraus Maja besteht. Das ist so toll!«

»Was denn, Mama? Schaf und tasmanischer Teufel?«, erwidere ich und bin langsam etwas genervt, dass Mutter mit ihren Erkenntnissen nicht endlich rausrückt.

»Schäferhund! Maja ist zur Hälfte ein reinrassiger Schäferhund! Die andere Seite ist auch nicht schlecht: eine Mischung aus Mudi und Irish Setter!«

»Aha … und das heißt was?«, frage ich ungläubig.

Mir ist die Spannweite dieser Erkenntnis immer noch nicht ganz klar, selbst über Nadja neben mir schwebt ein großes Fragezeichen in der Luft.

»SCHÄFERHUND! Maja ist größtenteils Schäferhund! Ausgerechnet die! Das sind Arbeitshunde. Maja würde, wenn sie unser Klo bedienen könnte, das Haus gar nicht mehr verlassen. Das ist doch kein Schäferhund!«, sagt Mutter und zeigt auf das schwarze Wollknäuel, das in einer Zimmerecke liegt und uns mit halb offenen Augen beobachtet.

»Und dann noch zu fünzig Prozent Schäferhund!«, sagt Mutter mehr zu sich selbst als zu uns.

Und mindestens fünfzehn Prozent Katze, wenn man ihre Lust auf Ratten mit einbezieht, denke ich und schweige lieber.

»Wollt ihr nicht mal rausgehen?«, sagt Mutter und schaut meinen Vater und mich wie zwei unruhig dasitzende Schuljungen an, die unter dem Tisch schon den Fussball hin und her treten.

»Dann machen Nadja und ich Frauenzeit«, sagt sie und schaufelt sich und meiner Angetrauten noch ein Stück Kuchen auf den Teller.

Was auch immer mit »Frauenzeit« gemeint ist. Ob sie nun zu Bon-Jovi-Musik halb nackt um eine Eierstockskulptur tanzen, während im Hintergrund die Chippendales strippen? Oder einfach nur alte Fotoalben durchschauen? Vater und ich sind uns recht schnell nonverbal einig, dass wir daran so oder so nicht teilnehmen wollen. Außerdem ist der Kuchen alle.

Otto und Maja werden also angeleint, die bereits in ihrer »Frauenzeit« befindlichen Lebenspartnerinnen geherzt, und auf geht's ins Abenteuer. Zur Hundewiese. Beim Friedhof. In Gelsenkirchen.

Auf dem Nachbargrundstück steht immer noch Norbert Gallenreiter und zerteilt mit einer Gartenschere die übrigen Nacktschnecken. Als er meinen Vater sieht, winkt er ihm mit der Schere in der Hand zu. Die Symbolik dieser Geste entgeht wohl weder ihm noch mir.

»Und wie sind die transatlantischen Verhältnisse mit Gallenreiter derzeit?«, frage ich meinen Vater, nachdem wir den unliebsamen Nachbarn passiert haben.

»Na ja, überschaubar. Sagen wir mal so, Maja sollte sich nach diesem Spaziergang definitiv ein Würstchen für seinen Rasen aufsparen.«

Hier wird ab 5:45 Uhr zurückgeschissen, denke ich und schweige.

Wir passieren die Spielstraße und gehen den alten Zechenweg entlang, an dem unser Haus, fast jedes Ruhrgebietsklischee erfüllend, liegt.

»Weißt du, Sohn, wir sind schon ganz stolz auf dich«, sagt mein Vater unvermittelt, als wir am Zugang zur Hundwiese stehen. Das kommt unerwartet. Ich bin fast ein bisschen angefasst, weil ich so viel offene Wertschätzung aufgrund meiner westfälischen Herkunft nicht gewohnt bin. Wir Westfalen drücken unsere Wertschätzung eher durch intensives Schweigen und Starren aus. Dementsprechend ist das, was mein Vater da formuliert, fast schon ein Gefühlsausbruch.

»Danke, Papa … ich hab euch auch lieb«, sage ich, und wir gehen in ein intensives Schweigen und Starren über. Nach einer halben Ewigkeit werden wir von einer Hundehalterin im Friesennerz dabei unterbrochen.

»Datt is aber 'n schöner Mops. Ist der reinrassig?«, fragt sie und schaut Otto an, der an mir heraufschaut und über die Frage ebenso überrascht zu sein scheint wie ich.

»Ich denke schon«, stammle ich und schaue den Hund der Frau an. Sie zieht eine seltsame Mischung aus Chihuahua, Hängebauchschwein und Zugluftstopper hinter sich her.

»Das ist die Lutzie, die is ganz wacker mitte Möpse«, sagt die Frau, und mein Vater und ich müssen grinsen.

»Sollen wir se ma spielen lassen?«, fragt die Frau und entfernt auch schon die Leine von ihrem Hund. Mein Vater winkt gleich ab und sagt, er habe damit mal schlechte Erfahrungen gemacht. Ich hingegen löse natürlich die Leine von Ottos Halsband. Mein Mops ist erfahrungsgemäß so gut erzogen, da kann nichts passieren.

Als Otto merkt, dass die Leine gelöst ist, riecht er erst an Lucy, dreht dann ab und spurtet Vollgas in eine der Hecken, die die Hundewiese säumen. Mit einem satten »Schlömp« verschwindet er im Gewächs. Maja, ich, mein Vater, die Frau und der Zugluftstopper schauen Otto nur hilflos nach.

»Scheiße«, sagt mein Vater.

»Scheiße«, echoe ich.

»Der is aber schnell ... datt kann kein reinrassiger Mops sein«, schiebt die Frau noch hinterher.

Irgendwie habe ich ein Déjà-vu, nur dass diesmal nicht mein Vater seiner Frau erklären muss, dass der Hund verschwunden ist, sondern ich.

»Oooooottttoooo«, schreien Vater und ich ins Gebüsch der Hundewiese, doch wie zu erwarten war, kommt keine Antwort. Und auch kein Mops. Netterweise hat Otto sich für seinen Verschwindetrick ein fast ausschließlich aus Brennnesseln und stachelbewährten Brombeerpflanzen bestehendes Gebüsch ausgesucht. Allerdings sind die Schmerzen, die mir zu Hause blühen, größer, als sie jede Pflanze verursachen könnte.

Daher wechseln sich bald Aaaauaaaa-Schreie mit

Oooooottoooo-Lockrufen ab, während ich mich in die Hecke werfe und mein Vater nur ein sorgenvolles »Sohnemann« murmelt.

Otto ist verschwunden. Und ich habe überall Stacheln, und meine Hose ist mit Löchern übersäht, als ich es endlich schaffe, aus dem Gebüsch zu krabbeln.

»Watt wech is, is wech«, schiebt die Frau mit der Zugluftrolle eine Weisheit hinterher, die mir gehörig auf die Nerven geht.

»Soll Maja ihn suchen?«, fragt mein Vater, und ich stimme aus purer Verzweiflung zu. Gerade als mein Vater Maja ableint, begreife ich meinen Fehler.

Maja schnuppert im Gegensatz zu Otto nicht mal an der Zugluftrolle, sondern verschwindet sofort mit Affenzahn und »Schlömp« in der gleichen Hecke, in der zuvor Otto abgetaucht ist.

Mein Vater und ich schauen uns ratlos an.

»Scheiße«, sagt die Frau mit der Zugluftrolle und ergänzt: »Jetzt habta aber echt 'n Problem.«

Wir gehen nach Hause, mein Kopf ist knallrot. Auf dem kompletten Weg brüllen wir weiterhin Ottos und Majas Namen im Wechsel, als würden wir an Wortfindungsstörungen leiden.

Als wir am Haus ankommen, sehen wir Norbert Gallenreiter, der immer noch in seinem Vorgarten steht. Und daneben Otto. Und Maja. Bei meinem Vater und mir setzt parallel der Herzschlag wieder ein. Wir können unser Glück kaum fassen und umarmen den perplexen Gallenreiter, der immer noch sein Glas Bier voll Schnecken umklammert hält.

»OH MEIN GOTT, DANKE, NORBERT«, brüllt mein Vater und umarmt den Mann, mit dem ihn eine dekadenumspannende Intimfeindschaft verbindet.

Otto und Maja schauen mich und Vater fragend an. Meine Kleidung hängt in Fetzen, der Kopf meines Vaters ist vor Aufregung eine pochende Blutorange.

Plötzlich hören wir vertraute Geräusche. Mutter und Nadja sind von unserem Freudengebrüll wohl bei ihrer Frauentagszeremonie gestört worden und schieben gerade das Gartentörchen auf, das das heimische Idyll von der grausamen Wirklichkeit dahinter trennt. Nadja streichelt Otto, während meine Mutter irritiert schaut, weil mein Vater immer noch Norbert Gallenreiter wie einen siamesischen Zwilling umklammert hält.

»Wie siehst du denn aus? Ist alles in Ordnung?«, fragt Nadja, als sie die an mir herunterhängenden Kleidungsfetzen sieht. Ich sehe wahrscheinlich so aus, als wäre ich gerade aus einem Bombenkrater geklettert.

»Alles in allerbester Ordnung«, sage ich vielleicht etwas übertrieben positiv und füge hinzu: »Hatte nur einen kleinen Unfall.«

»Na, dann ist ja gut«, sagt Nadja süffisant, und wir müssen alle, vielleicht weil die Situation so absurd ist, ein wenig lachen. Bis plötzlich ein anderes vertrautes Geräusch das Lachen unterbricht. Maja hustet und spuckt etwas auf den Rasen direkt vor unsere Füße.

Es ist ein Rattenschwanz.

DANKSAGUNG

Dieses Buch ist unter dem Einfluss und durch die Inspiration vieler Menschen entstanden, denen ich danken möchte.

Zuerst natürlich meinen Eltern. Mama und Papa, danke für euren Humor, eure Großzügigkeit und euer Vertrauen in mich. Die Dinge, die ihr mir mit auf den Weg gegeben habt, haben keinen Namen. Ich werde euch mein Leben lang dankbar sein.

Nadine, ohne deine Geduld, deine Liebe und deine Klugheit wäre ich nicht ich. Ein Lebenslauf gebastelt mit den Händen eines Tanzbären. Ich liebe dich. Immer wir.

Hans und Ursula. Stärke findet nicht nur im Körper, sondern vor allem im Geist statt. Ich bin stolz, zu eurer Familie gehören zu dürfen.

Es ist bereits das vierte Buch, das wir zusammen machen, und ich hoffe, es ist noch lange nicht Halbzeit. Danke meiner unermüdlichen Lektorin Angela Gsell. Unser Treffen war Zufall, unsere Freundschaft ist es nicht.

Danke an Anne Stadler und das ganze Team des Piper-Verlags. Ich könnte mir kein schöneres und herzlicheres Umfeld vorstellen, in dem ich Bücher schreiben wollte.

Danke an Otto, dass du mir – egal wie tief die Schatten fallen – immer ein Lachen schenkst.

Und danke, dass ich bei dir wohnen darf.

Ebenso geht mein Dank an:

Meinem besten Freund Pede, vom Anfang bis zum Ende. Versprochen.

Christian, der selbst einen Clown zum Lachen bringt.

Reinhard, wohin wir gehen, brauchen wir keine Straßen.

Fries, dein Körper ist zu klein für dein Herz.

Sebastian und Phil, ohne euch kein Team.

Marc und Mareike, ihr seid nicht nur zu Eichhörnchen gut.

Mareike und Ansgar, mit oder ohne Zelt.

Olli und Diana, einfach unverbesserlich.

Widura, du bist nicht in Bitcoins zu bezahlen.

Hannes Weyland, für den Soundtrack meines Lebens.

Nina, danke, dass du dich erinnert hast.

Patric, ohne dich würde keine Rechnung aufgehen.

Im Andenken an meinen Freund Johannes-Simon Zettel. Wir werden uns wiedersehen.